INTRODUCTION

Want to boost your child's learning without using a screen? Then this addition and subtraction math workbook is the perfect way.

110 Timed Math Worksheets – A variety of Addition and Subtraction based questions aimed at kids aged 5-8. Questions include single, double, and triple digits, missing numbers, and triple rows. Solutions to questions are also included in the back of the book.

Encourage Skill Building – Helps kids gain confidence with their addition and subtraction skills which can help with their current and future education. Each addition and subtraction section starts off with the easier single digit questions and progressively gets harder with double- and triple-digit questions.

Keep Track of Progression – Each worksheet has score input. This will allow the child to aim to better themselves, and to achieve a perfect score each time.

Perfect to Give as a Gift – Treat any child with this Addition and Subtraction math workbook, whether it be for Christmas, Easter, Birthdays, Summer or any other holidays, Halloween, Road / Travel Trips, and any other occasion.

CONTENTS

ADDiTiON SINGLE DIGIT

NAME______________________ DATE______________________

TIME______________________ SCORE______________________

1)
```
    5
+   7
_____
```

2)
```
    9
+   1
_____
```

3)
```
    5
+   4
_____
```

4)
```
    8
+   7
_____
```

5)
```
    6
+   2
_____
```

6)
```
    6
+   3
_____
```

7)
```
    7
+   2
_____
```

8)
```
    4
+   3
_____
```

9)
```
    7
+   7
_____
```

10)
```
    3
+   7
_____
```

11)
```
    6
+   2
_____
```

12)
```
    2
+   3
_____
```

13)
```
    1
+   7
_____
```

14)
```
    5
+   7
_____
```

15)
```
    6
+   6
_____
```

16)
```
    8
+   1
_____
```

17)
```
    4
+   1
_____
```

18)
```
    5
+   4
_____
```

19)
```
    6
+   2
_____
```

20)
```
    6
+   9
_____
```

21)
```
    2
+   1
_____
```

22)
```
    6
+   8
_____
```

23)
```
    4
+   1
_____
```

24)
```
    4
+   6
_____
```

25)
```
    6
+   7
_____
```

NAME_________________ DATE_________________

TIME_________________ SCORE_________________

1) 6 + 6

2) 6 + 4

3) 9 + 8

4) 3 + 3

5) 5 + 5

6) 8 + 9

7) 9 + 7

8) 2 + 2

9) 6 + 4

10) 6 + 1

11) 5 + 3

12) 1 + 5

13) 3 + 5

14) 2 + 6

15) 2 + 7

16) 1 + 2

17) 2 + 2

18) 3 + 6

19) 7 + 7

20) 2 + 7

21) 9 + 9

22) 3 + 5

23) 8 + 6

24) 8 + 3

25) 3 + 4

ADDITION

SINGLE DIGIT

NAME_________________ DATE_________________

TIME_________________ SCORE_________________

1)
$$\begin{array}{r} 6 \\ +\ 5 \\ \hline \end{array}$$

2)
$$\begin{array}{r} 9 \\ +\ 7 \\ \hline \end{array}$$

3)
$$\begin{array}{r} 1 \\ +\ 1 \\ \hline \end{array}$$

4)
$$\begin{array}{r} 8 \\ +\ 9 \\ \hline \end{array}$$

5)
$$\begin{array}{r} 9 \\ +\ 2 \\ \hline \end{array}$$

6)
$$\begin{array}{r} 7 \\ +\ 1 \\ \hline \end{array}$$

7)
$$\begin{array}{r} 1 \\ +\ 4 \\ \hline \end{array}$$

8)
$$\begin{array}{r} 9 \\ +\ 2 \\ \hline \end{array}$$

9)
$$\begin{array}{r} 9 \\ +\ 6 \\ \hline \end{array}$$

10)
$$\begin{array}{r} 1 \\ +\ 7 \\ \hline \end{array}$$

11)
$$\begin{array}{r} 2 \\ +\ 3 \\ \hline \end{array}$$

12)
$$\begin{array}{r} 7 \\ +\ 5 \\ \hline \end{array}$$

13)
$$\begin{array}{r} 1 \\ +\ 4 \\ \hline \end{array}$$

14)
$$\begin{array}{r} 7 \\ +\ 9 \\ \hline \end{array}$$

15)
$$\begin{array}{r} 1 \\ +\ 1 \\ \hline \end{array}$$

16)
$$\begin{array}{r} 8 \\ +\ 4 \\ \hline \end{array}$$

17)
$$\begin{array}{r} 6 \\ +\ 8 \\ \hline \end{array}$$

18)
$$\begin{array}{r} 7 \\ +\ 1 \\ \hline \end{array}$$

19)
$$\begin{array}{r} 5 \\ +\ 4 \\ \hline \end{array}$$

20)
$$\begin{array}{r} 2 \\ +\ 7 \\ \hline \end{array}$$

21)
$$\begin{array}{r} 9 \\ +\ 9 \\ \hline \end{array}$$

22)
$$\begin{array}{r} 7 \\ +\ 7 \\ \hline \end{array}$$

23)
$$\begin{array}{r} 4 \\ +\ 9 \\ \hline \end{array}$$

24)
$$\begin{array}{r} 2 \\ +\ 4 \\ \hline \end{array}$$

25)
$$\begin{array}{r} 1 \\ +\ 8 \\ \hline \end{array}$$

ADDITION
SINGLE DIGIT

NAME_________________ DATE_________________

TIME_________________ SCORE_________________

1)
```
   4
+  9
———
```

2)
```
   6
+  5
———
```

3)
```
   4
+  8
———
```

4)
```
   7
+  8
———
```

5)
```
   5
+  4
———
```

6)
```
   9
+  7
———
```

7)
```
   5
+  4
———
```

8)
```
   6
+  9
———
```

9)
```
   5
+  7
———
```

10)
```
   8
+  5
———
```

11)
```
   2
+  3
———
```

12)
```
   9
+  9
———
```

13)
```
   4
+  1
———
```

14)
```
   9
+  3
———
```

15)
```
   9
+  1
———
```

16)
```
   2
+  8
———
```

17)
```
   1
+  7
———
```

18)
```
   6
+  7
———
```

19)
```
   2
+  1
———
```

20)
```
   8
+  6
———
```

21)
```
   1
+  4
———
```

22)
```
   6
+  4
———
```

23)
```
   7
+  6
———
```

24)
```
   2
+  2
———
```

25)
```
   4
+  2
———
```

ADDITION

SINGLE DIGIT

NAME_________________ DATE_________________

TIME_________________ SCORE_________________

1)
$$\begin{array}{r} 5 \\ + 3 \\ \hline \end{array}$$

2)
$$\begin{array}{r} 4 \\ + 3 \\ \hline \end{array}$$

3)
$$\begin{array}{r} 4 \\ + 4 \\ \hline \end{array}$$

4)
$$\begin{array}{r} 8 \\ + 5 \\ \hline \end{array}$$

5)
$$\begin{array}{r} 9 \\ + 7 \\ \hline \end{array}$$

6)
$$\begin{array}{r} 7 \\ + 7 \\ \hline \end{array}$$

7)
$$\begin{array}{r} 4 \\ + 3 \\ \hline \end{array}$$

8)
$$\begin{array}{r} 2 \\ + 6 \\ \hline \end{array}$$

9)
$$\begin{array}{r} 1 \\ + 3 \\ \hline \end{array}$$

10)
$$\begin{array}{r} 4 \\ + 9 \\ \hline \end{array}$$

11)
$$\begin{array}{r} 4 \\ + 8 \\ \hline \end{array}$$

12)
$$\begin{array}{r} 5 \\ + 3 \\ \hline \end{array}$$

13)
$$\begin{array}{r} 5 \\ + 7 \\ \hline \end{array}$$

14)
$$\begin{array}{r} 6 \\ + 4 \\ \hline \end{array}$$

15)
$$\begin{array}{r} 2 \\ + 7 \\ \hline \end{array}$$

16)
$$\begin{array}{r} 5 \\ + 8 \\ \hline \end{array}$$

17)
$$\begin{array}{r} 4 \\ + 6 \\ \hline \end{array}$$

18)
$$\begin{array}{r} 7 \\ + 4 \\ \hline \end{array}$$

19)
$$\begin{array}{r} 1 \\ + 8 \\ \hline \end{array}$$

20)
$$\begin{array}{r} 9 \\ + 1 \\ \hline \end{array}$$

21)
$$\begin{array}{r} 7 \\ + 2 \\ \hline \end{array}$$

22)
$$\begin{array}{r} 4 \\ + 5 \\ \hline \end{array}$$

23)
$$\begin{array}{r} 1 \\ + 1 \\ \hline \end{array}$$

24)
$$\begin{array}{r} 5 \\ + 8 \\ \hline \end{array}$$

25)
$$\begin{array}{r} 1 \\ + 8 \\ \hline \end{array}$$

ADDITION MISSING NUMBER

1)
```
    2
+   □
─────
    4
```

2)
```
    1
+   □
─────
  1 0
```

3)
```
    7
+   □
─────
  1 3
```

4)
```
    2
+   □
─────
    3
```

5)
```
    8
+   □
─────
  1 4
```

6)
```
    3
+   □
─────
    4
```

7)
```
    9
+   □
─────
  1 5
```

8)
```
    4
+   □
─────
    9
```

9)
```
    2
+   □
─────
    3
```

10)
```
    6
+   □
─────
  1 2
```

11)
```
    4
+   □
─────
    8
```

12)
```
    9
+   □
─────
  1 3
```

13)
```
    7
+   □
─────
  1 0
```

14)
```
    4
+   □
─────
  1 1
```

15)
```
    7
+   □
─────
  1 6
```

16)
```
    8
+   □
─────
  1 4
```

17)
```
    7
+   □
─────
    8
```

18)
```
    4
+   □
─────
    6
```

19)
```
    6
+   □
─────
    7
```

20)
```
    6
+   □
─────
  1 1
```

21)
```
    3
+   □
─────
    5
```

22)
```
    6
+   □
─────
  1 5
```

23)
```
    7
+   □
─────
  1 3
```

24)
```
    1
+   □
─────
  1 0
```

25)
```
    6
+   □
─────
  1 1
```

ADDITION MISSING NUMBER

NAME___________________ DATE___________________

TIME___________________ SCORE___________________

1) + 7 / 1 4

2) + 6 / _ 9

3) + 1 / 1 0

4) + 8 / 1 3

5) + 9 / 1 4

6) + 6 / 1 2

7) + 5 / 1 3

8) + 2 / _ 4

9) + 7 / 1 4

10) + 7 / _ 9

11) + 2 / _ 9

12) + 7 / 1 6

13) + 7 / 1 5

14) + 2 / _ 3

15) + 6 / _ 8

16) + 1 / _ 8

17) + 7 / 1 3

18) + 3 / _ 6

19) + 8 / 1 7

20) + 3 / 1 0

21) + 7 / 1 2

22) + 4 / 1 0

23) + 6 / 1 3

24) + 6 / _ 9

25) + 4 / _ 8

ADDITION MISSING NUMBER

NAME________________ DATE________________

TIME________________ SCORE________________

1) 9 + ☐ = 15

2) ☐ + 9 = 15

3) 8 + ☐ = 10

4) ☐ + 5 = 11

5) 7 + ☐ = 12

6) ☐ + 7 = 14

7) 9 + ☐ = 10

8) ☐ + 1 = 9

9) 3 + ☐ = 9

10) ☐ + 9 = 10

11) 7 + ☐ = 13

12) ☐ + 4 = 8

13) 9 + ☐ = 10

14) ☐ + 4 = 11

15) 3 + ☐ = 11

16) ☐ + 5 = 10

17) 1 + ☐ = 5

18) ☐ + 4 = 6

19) 9 + ☐ = 15

20) ☐ + 8 = 10

21) 1 + ☐ = 7

22) ☐ + 8 = 10

23) 3 + ☐ = 10

24) ☐ + 6 = 11

25) 5 + ☐ = 7

ADDITION MISSING NUMBER

NAME__________________ DATE__________________

TIME__________________ SCORE__________________

1)
```
    _
+   2
    9
```

2)
```
    4
+   _
    8
```

3)
```
    _
+   7
  1 5
```

4)
```
    1
+   _
    8
```

5)
```
    _
+   9
  1 4
```

6)
```
    9
+   _
  1 0
```

7)
```
    _
+   5
  1 2
```

8)
```
    8
+   _
  1 6
```

9)
```
    _
+   2
  1 0
```

10)
```
    3
+   _
    6
```

11)
```
    _
+   5
  1 4
```

12)
```
    8
+   _
  1 1
```

13)
```
    _
+   2
    8
```

14)
```
    2
+   _
  1 0
```

15)
```
    _
+   5
  1 0
```

16)
```
    2
+   _
    6
```

17)
```
    _
+   8
  1 4
```

18)
```
    5
+   _
    8
```

19)
```
    _
+   3
  1 1
```

20)
```
    3
+   _
    4
```

21)
```
    _
+   1
    3
```

22)
```
    4
+   _
  1 1
```

23)
```
    _
+   2
    5
```

24)
```
    4
+   _
  1 2
```

25)
```
    _
+   1
    9
```

ADDITION MISSING NUMBER

NAME______________________ DATE______________________

TIME______________________ SCORE______________________

1)
```
    2
+   8
-----
```

2)
```
    8
+
-----
  1 1
```

3)
```
+   3
-----
    7
```

4)
```
    6
+   4
-----
```

5)
```
    7
+
-----
    8
```

6)
```
+   8
-----
    9
```

7)
```
    8
+   8
-----
```

8)
```
    9
+
-----
  1 5
```

9)
```
+   5
-----
  1 3
```

10)
```
    2
+   2
-----
```

11)
```
    4
+
-----
  1 0
```

12)
```
+   7
-----
  1 4
```

13)
```
    9
+   4
-----
```

14)
```
    1
+
-----
    9
```

15)
```
+   5
-----
  1 0
```

16)
```
    4
+   6
-----
```

17)
```
    2
+
-----
    9
```

18)
```
+   6
-----
  1 5
```

19)
```
    7
+   3
-----
```

20)
```
    3
+
-----
    6
```

21)
```
+   5
-----
  1 4
```

22)
```
    5
+   8
-----
```

23)
```
    2
+
-----
    3
```

24)
```
+   1
-----
    4
```

25)
```
    5
+   6
-----
```

ADDITION DOUBLE DIGITS

NAME____________________ DATE____________________

TIME____________________ SCORE____________________

1)

	7	6
+	2	1

2)

	6	7
+	1	9

3)

	2	2
+	2	8

4)

	8	9
+	2	5

5)

	4	7
+	7	1

6)

	3	0
+	8	3

7)

	9	1
+	2	1

8)

	4	8
+	2	2

9)

	2	4
+	6	2

10)

	4	5
+	1	4

11)

	7	2
+	1	4

12)

	6	1
+	5	2

13)

	2	1
+	4	1

14)

	1	8
+	9	8

15)

	2	8
+	1	4

16)

	4	7
+	7	8

17)

	3	0
+	1	7

18)

	4	6
+	4	7

19)

	7	5
+	2	1

20)

	4	8
+	1	1

ADDITION DOUBLE DIGITS

NAME_________________________ DATE_________________________

TIME_________________________ SCORE_________________________

1)
```
    2 6
+   9 9
───────
```

2)
```
    6 2
+   9 7
───────
```

3)
```
    3 1
+   7 3
───────
```

4)
```
    4 3
+   1 1
───────
```

5)
```
    8 5
+   4 9
───────
```

6)
```
    8 6
+   8 2
───────
```

7)
```
    2 5
+   7 5
───────
```

8)
```
    8 2
+   7 7
───────
```

9)
```
    9 5
+   3 1
───────
```

10)
```
    1 6
+   1 1
───────
```

11)
```
    6 9
+   3 9
───────
```

12)
```
    6 8
+   7 6
───────
```

13)
```
    6 7
+   2 6
───────
```

14)
```
    2 1
+   1 4
───────
```

15)
```
    9 1
+   4 9
───────
```

16)
```
    6 2
+   4 6
───────
```

17)
```
    9 1
+   4 2
───────
```

18)
```
    3 2
+   8 0
───────
```

19)
```
    2 2
+   5 1
───────
```

20)
```
    9 1
+   7 3
───────
```

ADDITION — DOUBLE DIGITS

NAME________________ DATE________________

TIME________________ SCORE________________

1)
$$\begin{array}{r} 86 \\ +\ 57 \\ \hline \end{array}$$

2)
$$\begin{array}{r} 28 \\ +\ 87 \\ \hline \end{array}$$

3)
$$\begin{array}{r} 21 \\ +\ 18 \\ \hline \end{array}$$

4)
$$\begin{array}{r} 72 \\ +\ 42 \\ \hline \end{array}$$

5)
$$\begin{array}{r} 62 \\ +\ 34 \\ \hline \end{array}$$

6)
$$\begin{array}{r} 88 \\ +\ 37 \\ \hline \end{array}$$

7)
$$\begin{array}{r} 39 \\ +\ 17 \\ \hline \end{array}$$

8)
$$\begin{array}{r} 37 \\ +\ 52 \\ \hline \end{array}$$

9)
$$\begin{array}{r} 42 \\ +\ 30 \\ \hline \end{array}$$

10)
$$\begin{array}{r} 49 \\ +\ 26 \\ \hline \end{array}$$

11)
$$\begin{array}{r} 28 \\ +\ 46 \\ \hline \end{array}$$

12)
$$\begin{array}{r} 57 \\ +\ 21 \\ \hline \end{array}$$

13)
$$\begin{array}{r} 15 \\ +\ 82 \\ \hline \end{array}$$

14)
$$\begin{array}{r} 66 \\ +\ 96 \\ \hline \end{array}$$

15)
$$\begin{array}{r} 94 \\ +\ 58 \\ \hline \end{array}$$

16)
$$\begin{array}{r} 28 \\ +\ 70 \\ \hline \end{array}$$

17)
$$\begin{array}{r} 18 \\ +\ 91 \\ \hline \end{array}$$

18)
$$\begin{array}{r} 65 \\ +\ 90 \\ \hline \end{array}$$

19)
$$\begin{array}{r} 23 \\ +\ 37 \\ \hline \end{array}$$

20)
$$\begin{array}{r} 33 \\ +\ 43 \\ \hline \end{array}$$

ADDITION

DOUBLE DIGITS

NAME_________________________ DATE_________________________

TIME_________________________ SCORE_________________________

1)
```
   2 2
+  3 1
-------
```

2)
```
   1 6
+  3 7
-------
```

3)
```
   3 7
+  1 6
-------
```

4)
```
   5 8
+  4 5
-------
```

5)
```
   2 3
+  1 4
-------
```

6)
```
   2 4
+  4 2
-------
```

7)
```
   1 9
+  7 1
-------
```

8)
```
   4 1
+  8 4
-------
```

9)
```
   4 5
+  7 3
-------
```

10)
```
   4 7
+  7 2
-------
```

11)
```
   3 9
+  6 9
-------
```

12)
```
   6 9
+  9 6
-------
```

13)
```
   5 7
+  5 4
-------
```

14)
```
   8 4
+  1 4
-------
```

15)
```
   7 1
+  1 4
-------
```

16)
```
   1 6
+  3 6
-------
```

17)
```
   2 7
+  2 1
-------
```

18)
```
   2 3
+  7 9
-------
```

19)
```
   2 2
+  4 7
-------
```

20)
```
   2 5
+  1 4
-------
```

ADDITION DOUBLE DIGITS

NAME_____________________ DATE_____________________

TIME_____________________ SCORE_____________________

1)
$$\begin{array}{r} 95 \\ +\ 39 \\ \hline \end{array}$$

2)
$$\begin{array}{r} 55 \\ +\ 56 \\ \hline \end{array}$$

3)
$$\begin{array}{r} 71 \\ +\ 45 \\ \hline \end{array}$$

4)
$$\begin{array}{r} 97 \\ +\ 71 \\ \hline \end{array}$$

5)
$$\begin{array}{r} 12 \\ +\ 36 \\ \hline \end{array}$$

6)
$$\begin{array}{r} 83 \\ +\ 19 \\ \hline \end{array}$$

7)
$$\begin{array}{r} 50 \\ +\ 64 \\ \hline \end{array}$$

8)
$$\begin{array}{r} 98 \\ +\ 68 \\ \hline \end{array}$$

9)
$$\begin{array}{r} 47 \\ +\ 48 \\ \hline \end{array}$$

10)
$$\begin{array}{r} 13 \\ +\ 34 \\ \hline \end{array}$$

11)
$$\begin{array}{r} 16 \\ +\ 30 \\ \hline \end{array}$$

12)
$$\begin{array}{r} 25 \\ +\ 35 \\ \hline \end{array}$$

13)
$$\begin{array}{r} 90 \\ +\ 81 \\ \hline \end{array}$$

14)
$$\begin{array}{r} 40 \\ +\ 40 \\ \hline \end{array}$$

15)
$$\begin{array}{r} 99 \\ +\ 27 \\ \hline \end{array}$$

16)
$$\begin{array}{r} 84 \\ +\ 11 \\ \hline \end{array}$$

17)
$$\begin{array}{r} 31 \\ +\ 96 \\ \hline \end{array}$$

18)
$$\begin{array}{r} 75 \\ +\ 39 \\ \hline \end{array}$$

19)
$$\begin{array}{r} 88 \\ +\ 37 \\ \hline \end{array}$$

20)
$$\begin{array}{r} 67 \\ +\ 83 \\ \hline \end{array}$$

ADDITION **DOUBLE DIGITS**

NAME_____________________ DATE_____________________

TIME_____________________ SCORE_____________________

1)
```
   3 0
+  6 0
-------
```

2)
```
   2 9
+  7 3
-------
```

3)
```
   4 2
+  8 3
-------
```

4)
```
   8 1
+  5 7
-------
```

5)
```
   8 6
+  7 0
-------
```

6)
```
   4 0
+  3 5
-------
```

7)
```
   8 0
+  9 7
-------
```

8)
```
   1 6
+  7 3
-------
```

9)
```
   9 9
+  4 2
-------
```

10)
```
   5 8
+  9 6
-------
```

11)
```
   7 1
+  9 2
-------
```

12)
```
   4 7
+  2 6
-------
```

13)
```
   3 2
+  1 6
-------
```

14)
```
   2 0
+  2 8
-------
```

15)
```
   4 2
+  7 6
-------
```

16)
```
   8 9
+  4 0
-------
```

17)
```
   7 7
+  8 3
-------
```

18)
```
   6 7
+  8 4
-------
```

19)
```
   1 6
+  9 7
-------
```

20)
```
   7 1
+  8 1
-------
```

ADDITION **DOUBLE DIGITS**

NAME________________   DATE________________

TIME________________   SCORE________________

1)
$$\begin{array}{r} 77 \\ +\ 68 \\ \hline \end{array}$$

2)
$$\begin{array}{r} 28 \\ +\ 51 \\ \hline \end{array}$$

3)
$$\begin{array}{r} 16 \\ +\ 22 \\ \hline \end{array}$$

4)
$$\begin{array}{r} 25 \\ +\ 16 \\ \hline \end{array}$$

5)
$$\begin{array}{r} 89 \\ +\ 38 \\ \hline \end{array}$$

6)
$$\begin{array}{r} 31 \\ +\ 32 \\ \hline \end{array}$$

7)
$$\begin{array}{r} 18 \\ +\ 18 \\ \hline \end{array}$$

8)
$$\begin{array}{r} 97 \\ +\ 71 \\ \hline \end{array}$$

9)
$$\begin{array}{r} 16 \\ +\ 58 \\ \hline \end{array}$$

10)
$$\begin{array}{r} 25 \\ +\ 17 \\ \hline \end{array}$$

11)
$$\begin{array}{r} 89 \\ +\ 58 \\ \hline \end{array}$$

12)
$$\begin{array}{r} 81 \\ +\ 42 \\ \hline \end{array}$$

13)
$$\begin{array}{r} 45 \\ +\ 36 \\ \hline \end{array}$$

14)
$$\begin{array}{r} 75 \\ +\ 21 \\ \hline \end{array}$$

15)
$$\begin{array}{r} 36 \\ +\ 82 \\ \hline \end{array}$$

16)
$$\begin{array}{r} 34 \\ +\ 49 \\ \hline \end{array}$$

17)
$$\begin{array}{r} 13 \\ +\ 62 \\ \hline \end{array}$$

18)
$$\begin{array}{r} 89 \\ +\ 30 \\ \hline \end{array}$$

19)
$$\begin{array}{r} 80 \\ +\ 67 \\ \hline \end{array}$$

20)
$$\begin{array}{r} 69 \\ +\ 51 \\ \hline \end{array}$$

ADDITION **DOUBLE DIGITS**

NAME_____________________ DATE_____________________

TIME_____________________ SCORE_____________________

1)
```
    2 2
 +  5 3
 ______
```

2)
```
    9 3
 +  4 0
 ______
```

3)
```
    3 2
 +  3 9
 ______
```

4)
```
    1 4
 +  1 8
 ______
```

5)
```
    1 4
 +  3 1
 ______
```

6)
```
    3 1
 +  3 6
 ______
```

7)
```
    3 2
 +  4 8
 ______
```

8)
```
    5 0
 +  9 9
 ______
```

9)
```
    1 3
 +  2 2
 ______
```

10)
```
    5 6
 +  1 6
 ______
```

11)
```
    9 2
 +  6 7
 ______
```

12)
```
    7 2
 +  6 8
 ______
```

13)
```
    4 3
 +  4 2
 ______
```

14)
```
    8 1
 +  3 8
 ______
```

15)
```
    4 4
 +  8 6
 ______
```

16)
```
    9 3
 +  8 9
 ______
```

17)
```
    2 7
 +  9 6
 ______
```

18)
```
    8 6
 +  6 0
 ______
```

19)
```
    3 2
 +  6 6
 ______
```

20)
```
    5 6
 +  8 6
 ______
```

NAME________________ DATE________________

TIME________________ SCORE________________

1)
```
    5 2
  + 7 0
  ─────
```

2)
```
    7 3
  + 5 8
  ─────
```

3)
```
    4 6
  + 5 8
  ─────
```

4)
```
    6 6
  + 9 2
  ─────
```

5)
```
    6 2
  + 3 1
  ─────
```

6)
```
    2 5
  + 8 0
  ─────
```

7)
```
    4 6
  + 9 2
  ─────
```

8)
```
    7 9
  + 4 8
  ─────
```

9)
```
    3 1
  + 4 4
  ─────
```

10)
```
    5 0
  + 9 8
  ─────
```

11)
```
    7 6
  + 5 1
  ─────
```

12)
```
    3 8
  + 9 1
  ─────
```

13)
```
    3 0
  + 5 7
  ─────
```

14)
```
    7 7
  + 8 9
  ─────
```

15)
```
    7 6
  + 8 2
  ─────
```

16)
```
    7 1
  + 2 4
  ─────
```

17)
```
    9 4
  + 2 8
  ─────
```

18)
```
    7 1
  + 3 6
  ─────
```

19)
```
    1 6
  + 5 6
  ─────
```

20)
```
    2 3
  + 2 5
  ─────
```

ADDITION DOUBLE DIGITS

NAME_________________   DATE_________________

TIME_________________   SCORE_________________

1)
```
   7 7
 + 9 1
```

2)
```
   9 3
 + 2 0
```

3)
```
   4 9
 + 7 3
```

4)
```
   2 4
 + 3 5
```

5)
```
   4 9
 + 4 0
```

6)
```
   5 6
 + 6 2
```

7)
```
   7 1
 + 6 0
```

8)
```
   4 7
 + 7 0
```

9)
```
   9 4
 + 1 9
```

10)
```
   8 1
 + 5 2
```

11)
```
   1 3
 + 8 1
```

12)
```
   2 9
 + 6 1
```

13)
```
   8 0
 + 5 6
```

14)
```
   5 6
 + 4 4
```

15)
```
   2 8
 + 7 7
```

16)
```
   7 8
 + 8 3
```

17)
```
   8 3
 + 2 5
```

18)
```
   6 2
 + 3 7
```

19)
```
   5 4
 + 6 3
```

20)
```
   6 4
 + 8 8
```

ADDITION MISSING NUMBER

NAME________________ DATE________________

TIME________________ SCORE________________

1)
```
+ 6 7
-----
1 3 2
```

2)
```
  8 2
+
-----
1 0 4
```

3)
```
+ 7 7
-----
1 6 1
```

4)
```
  4 9
+
-----
  6 6
```

5)
```
+ 4 3
-----
  8 4
```

6)
```
  8 5
+
-----
1 1 8
```

7)
```
+ 8 8
-----
1 5 4
```

8)
```
  4 8
+
-----
  8 3
```

9)
```
+ 9 1
-----
1 5 4
```

10)
```
  7 8
+
-----
1 4 0
```

11)
```
+ 3 1
-----
1 0 9
```

12)
```
  7 6
+
-----
  9 1
```

13)
```
+ 6 2
-----
1 4 0
```

14)
```
  3 6
+
-----
  9 8
```

15)
```
+ 5 0
-----
1 0 4
```

16)
```
  3 0
+
-----
  5 2
```

17)
```
+ 5 1
-----
1 4 8
```

18)
```
  7 9
+
-----
1 1 0
```

19)
```
+ 9 9
-----
1 3 0
```

20)
```
  6 1
+
-----
1 3 3
```

NAME _________________ **DATE** _________________

TIME _________________ **SCORE** _________________

1)
```
    9   7
+
1   6   4
```

2)
```
+   9   4
1   8   0
```

3)
```
    6   7
+
    9   2
```

4)
```
+   4   9
1   1   4
```

5)
```
    3   6
+
    5   6
```

6)
```
+   4   1
1   0   8
```

7)
```
    6   2
+
    9   4
```

8)
```
+   2   6
    4   6
```

9)
```
    7   6
+
1   1   8
```

10)
```
+   4   2
1   0   3
```

11)
```
    8   7
+
1   2   7
```

12)
```
+   6   2
    8   8
```

13)
```
    8   3
+
1   1   6
```

14)
```
+   6   3
1   0   7
```

15)
```
    8   8
+
1   5   4
```

16)
```
+   9   1
1   7   4
```

17)
```
    3   9
+
1   1   5
```

18)
```
+   2   1
    8   4
```

19)
```
    2   1
+
    8   9
```

20)
```
+   3   2
1   2   5
```

ADDITION — MISSING NUMBER

NAME_____________________ DATE_____________________

TIME_____________________ SCORE_____________________

1)
```
  +  9  8
  1  3  6
```

2)
```
     1  6
  +  6  5
```

3)
```
  +  3  0
     9  2
```

4)
```
     6  5
  +  3  8
```

5)
```
     1  9
  +  6  5
```

6)
```
  +  3  3
     4  7
```

7)
```
  +  8  6
  1  4  8
```

8)
```
  +  9  9
  1  2  7
```

9)
```
     3  9
  +
     5  8
```

10)
```
     8  5
  +
  1  6  1
```

11)
```
     1  2
  +
     6  1
```

12)
```
  +  6  5
  1  1  0
```

13)
```
     3  5
  +
  1  2  7
```

14)
```
  +  4  9
     8  4
```

15)
```
     6  9
  +
     9  9
```

16)
```
     1  7
  +  4  4
```

17)
```
     6  6
  +  3  5
```

18)
```
     4  9
  +  7  5
```

19)
```
     9  5
  +  5  2
```

20)
```
     5  6
  +  6  6
```

ADDITION — MISSING NUMBER

NAME__________________   DATE__________________

TIME__________________   SCORE__________________

1)
```
   _ _
+  5 9
-------
 1 1 8
```

2)
```
  4 7
+ _ _
-------
  9 5
```

3)
```
  _ _
+ 1 3
-------
  4 1
```

4)
```
  8 7
+ _ _
-------
1 5 9
```

5)
```
  _ _
+ 7 2
-------
1 4 0
```

6)
```
  9 9
+ _ _
-------
1 8 4
```

7)
```
  _ _
+ 1 2
-------
1 0 5
```

8)
```
  4 9
+ _ _
-------
1 1 3
```

9)
```
  _ _
+ 2 7
-------
  9 2
```

10)
```
  4 9
+ _ _
-------
1 0 5
```

11)
```
  _ _
+ 2 4
-------
  9 6
```

12)
```
  6 2
+ _ _
-------
  8 5
```

13)
```
  _ _
+ 7 1
-------
1 6 1
```

14)
```
  5 5
+ _ _
-------
1 2 8
```

15)
```
  _ _
+ 3 5
-------
  8 1
```

16)
```
  7 9
+ _ _
-------
1 7 8
```

17)
```
  _ _
+ 9 8
-------
1 6 0
```

18)
```
  7 8
+ _ _
-------
  9 1
```

19)
```
  _ _
+ 1 5
-------
  8 0
```

20)
```
  1 7
+ _ _
-------
  6 4
```

ADDITION MISSING NUMBER

NAME________________ DATE________________

TIME________________ SCORE________________

1)
```
  +  4 0
  -------
     8 3
```

2)
```
     9 9
  +
  -------
   1 8 8
```

3)
```
  +  7 0
  -------
     8 6
```

4)
```
     8 3
  +
  -------
   1 6 6
```

5)
```
  +  8 0
  -------
   1 7 9
```

6)
```
     7 5
  +
  -------
   1 6 7
```

7)
```
  +  4 8
  -------
     8 7
```

8)
```
     9 0
  +
  -------
   1 2 9
```

9)
```
  +  3 4
  -------
     5 4
```

10)
```
     3 0
  +
  -------
   1 1 6
```

11)
```
  +  5 5
  -------
   1 0 6
```

12)
```
     6 3
  +
  -------
     9 1
```

13)
```
  +  2 4
  -------
   1 1 0
```

14)
```
     7 2
  +
  -------
   1 3 8
```

15)
```
  +  7 4
  -------
   1 6 8
```

16)
```
     6 1
  +
  -------
     9 7
```

17)
```
  +  7 9
  -------
   1 7 8
```

18)
```
     3 2
  +
  -------
   1 1 6
```

19)
```
  +  4 0
  -------
     8 5
```

20)
```
     3 4
  +
  -------
     7 6
```

NAME_____________________ DATE_____________________

TIME_____________________ SCORE_____________________

1)
```
      ___
  +  2  6
  1  1  6
```

2)
```
   4  0
  +
  1  3  1
```

3)
```
      ___
  +  3  6
  1  2  5
```

4)
```
      1  4
  +
  1  0  3
```

5)
```
      ___
  +  6  0
      7  1
```

6)
```
   5  8
  +
      7  3
```

7)
```
      ___
  +  2  8
  1  2  5
```

8)
```
      3  7
  +
  1  1  6
```

9)
```
      ___
  +  4  5
      5  7
```

10)
```
   7  4
  +
  1  0  4
```

11)
```
      ___
  +  7  4
  1  2  7
```

12)
```
      7  3
  +
  1  0  6
```

13)
```
      ___
  +  1  9
      6  0
```

14)
```
   2  9
  +
  1  2  1
```

15)
```
      ___
  +  8  3
  1  7  7
```

16)
```
      3  8
  +
      9  0
```

17)
```
      ___
  +  2  2
      9  5
```

18)
```
   9  9
  +
  1  4  8
```

19)
```
      ___
  +  2  5
      3  9
```

20)
```
      5  6
  +
  1  2  2
```

ADDITION — MISSING NUMBER

NAME______________________ DATE__________________

TIME______________________ SCORE__________________

1)

+	1	4
1	1	2

2)

	7	4
+		
	9	3

3)

+	9	6
1	9	5

4)

	3	7
+		
	7	5

5)

+	8	9
1	5	0

6)

	3	3
+		
1	2	2

7)

+	7	3
1	4	6

8)

	1	9
+		
	4	2

9)

+	3	6
1	2	5

10)

	3	7
+		
1	2	3

11)

+	9	3
1	1	6

12)

	3	9
+		
	9	2

13)

+	1	8
	8	8

14)

	4	5
+		
	9	5

15)

+	7	4
1	5	5

16)

	8	6
+		
1	7	5

17)

+	7	7
1	1	5

18)

	9	5
+		
1	3	7

19)

+	3	4
	7	0

20)

	5	9
+		
1	5	5

ADDITION MISSING NUMBER

NAME________________   DATE________________

TIME________________   SCORE________________

1)
```
   _
+  4 2
-----
1  2 2
```

2)
```
   4 8
+  _ _
-----
1  0 0
```

3)
```
   _ _
+  6 6
-----
1  4 3
```

4)
```
   2 3
+  _ _
-----
   8 9
```

5)
```
   _ _
+  1 5
-----
   8 1
```

6)
```
   7 9
+  _ _
-----
   9 0
```

7)
```
   _ _
+  1 3
-----
   8 0
```

8)
```
   1 6
+  _ _
-----
   6 1
```

9)
```
   _ _
+  2 3
-----
   7 8
```

10)
```
   2 6
+  _ _
-----
   4 6
```

11)
```
   _ _
+  7 2
-----
   8 6
```

12)
```
   7 1
+  _ _
-----
1  6 4
```

13)
```
   _ _
+  3 8
-----
   5 8
```

14)
```
   4 3
+  _ _
-----
1  2 7
```

15)
```
   _ _
+  5 4
-----
1  1 5
```

16)
```
   6 0
+  _ _
-----
1  5 7
```

17)
```
   _ _
+  7 3
-----
1  5 2
```

18)
```
   1 4
+  _ _
-----
   4 9
```

19)
```
   _ _
+  3 2
-----
1  0 2
```

20)
```
   4 9
+  _ _
-----
   6 5
```

ADDITION — MISSING NUMBER

NAME_____________________ DATE_____________________

TIME_____________________ SCORE_____________________

1)
```
  +  7  2
  1  4  2
```

2)
```
     6  4
  +
  1  0  0
```

3)
```
  +  6  7
  1  2  7
```

4)
```
        1  5
  +
     8  4
```

5)
```
  +  6  8
  1  2  8
```

6)
```
     9  8
  +
  1  6  3
```

7)
```
  +  6  5
  1  4  1
```

8)
```
     8  0
  +
  1  6  5
```

9)
```
  +  2  7
     8  4
```

10)
```
     9  4
  +
  1  6  4
```

11)
```
  +  2  7
     4  3
```

12)
```
     9  2
  +
  1  6  4
```

13)
```
  +  8  7
  1  8  5
```

14)
```
     6  6
  +
  1  2  8
```

15)
```
  +  8  2
  1  5  1
```

16)
```
     3  6
  +
  1  2  2
```

17)
```
  +  1  1
     8  3
```

18)
```
     2  3
  +
     8  9
```

19)
```
  +  3  5
     8  0
```

20)
```
     8  8
  +
  1  8  4
```

ADDITION MISSING NUMBER

NAME________________ DATE________________

TIME________________ SCORE________________

1)
```
      
  +  3  5
  1  1  7
```

2)
```
     8  4
  +      
  1  2  4
```

3)
```
     6  5
  +  4  7
          
```

4)
```
         
  +  6  6
  1  4  3
```

5)
```
     5  9
  +      
  1  4  0
```

6)
```
     8  0
  +  8  2
          
```

7)
```
         
  +  5  6
     9  7
```

8)
```
     8  4
  +      
  1  0  1
```

9)
```
     9  6
  +  9  7
          
```

10)
```
         
  +  4  7
  1  0  3
```

11)
```
     3  2
  +      
     8  0
```

12)
```
     2  0
  +  6  5
          
```

13)
```
         
  +  9  7
  1  8  1
```

14)
```
     8  0
  +      
  1  0  2
```

15)
```
     1  1
  +  6  0
          
```

16)
```
         
  +  6  0
     8  3
```

17)
```
     8  1
  +      
  1  4  7
```

18)
```
     6  8
  +  2  3
          
```

19)
```
         
  +  5  5
     8  3
```

20)
```
     7  9
  +      
  1  0  3
```

ADDITION

TRIPLE DIGITS

NAME_________________   DATE_________________

TIME_________________   SCORE_________________

1)
```
  7 7 5
+ 4 1 1
_______
```

2)
```
  4 6 3
+ 4 5 3
_______
```

3)
```
  9 3 3
+ 8 3 3
_______
```

4)
```
  2 9 6
+ 3 0 8
_______
```

5)
```
  9 5 2
+ 8 7 9
_______
```

6)
```
  5 7 7
+ 7 0 8
_______
```

7)
```
  5 9 3
+ 1 2 3
_______
```

8)
```
  9 2 8
+ 3 1 8
_______
```

9)
```
  2 8 7
+ 2 5 1
_______
```

10)
```
  1 9 2
+ 2 8 0
_______
```

11)
```
  6 9 8
+ 1 9 5
_______
```

12)
```
  3 6 6
+ 3 0 3
_______
```

13)
```
  2 2 3
+ 3 7 7
_______
```

14)
```
  6 7 2
+ 7 7 5
_______
```

15)
```
  1 2 8
+ 7 7 2
_______
```

ADDiTiON **TRIPLE DIGITS**

NAME________________________ DATE________________________

TIME________________________ SCORE________________________

1)
```
  2 0 6
+ 2 4 4
-------
```

2)
```
  3 1 2
+ 4 7 9
-------
```

3)
```
  9 0 1
+ 8 4 9
-------
```

4)
```
  3 0 2
+ 3 3 1
-------
```

5)
```
  5 4 1
+ 6 5 3
-------
```

6)
```
  9 3 3
+ 2 5 7
-------
```

7)
```
  3 3 6
+ 5 3 8
-------
```

8)
```
  2 3 6
+ 4 7 4
-------
```

9)
```
  7 5 0
+ 7 2 0
-------
```

10)
```
  4 8 7
+ 4 4 9
-------
```

11)
```
  8 7 9
+ 5 6 4
-------
```

12)
```
  6 8 6
+ 6 2 7
-------
```

13)
```
  5 1 2
+ 4 3 8
-------
```

14)
```
  3 4 2
+ 1 6 2
-------
```

15)
```
  7 7 2
+ 3 7 5
-------
```

ADDITION — TRIPLE DIGITS

NAME________________________ DATE________________

TIME________________________ SCORE______________

1)
```
    7 9 1
  + 8 1 2
  -------
```

2)
```
    1 2 7
  + 6 9 9
  -------
```

3)
```
    9 8 0
  + 7 5 1
  -------
```

4)
```
    3 4 3
  + 4 3 6
  -------
```

5)
```
    9 5 6
  + 7 1 9
  -------
```

6)
```
    6 8 3
  + 8 9 4
  -------
```

7)
```
    9 1 9
  + 6 3 3
  -------
```

8)
```
    3 6 8
  + 6 8 8
  -------
```

9)
```
    4 4 8
  + 9 5 4
  -------
```

10)
```
    1 8 0
  + 7 5 3
  -------
```

11)
```
    9 9 3
  + 5 5 3
  -------
```

12)
```
    2 6 5
  + 7 9 4
  -------
```

13)
```
    3 4 9
  + 9 2 4
  -------
```

14)
```
    5 5 2
  + 9 5 7
  -------
```

15)
```
    7 4 2
  + 2 8 7
  -------
```

NAME_____________________ DATE_____________________

TIME_____________________ SCORE_____________________

1)
```
   2 0 5
+  6 7 0
```

2)
```
   7 3 3
+  1 1 7
```

3)
```
   6 1 3
+  3 9 8
```

4)
```
   5 8 0
+  7 5 4
```

5)
```
   1 4 9
+  8 5 9
```

6)
```
   7 3 2
+  8 9 8
```

7)
```
   5 2 4
+  4 0 7
```

8)
```
   6 3 9
+  3 7 5
```

9)
```
   5 0 9
+  7 1 9
```

10)
```
   3 2 3
+  6 6 8
```

11)
```
   8 2 3
+  9 6 4
```

12)
```
   5 6 5
+  8 6 7
```

13)
```
   5 1 4
+  3 7 8
```

14)
```
   9 8 9
+  5 4 7
```

15)
```
   8 1 0
+  7 2 5
```

NAME_____________________ DATE_____________________

TIME_____________________ SCORE_____________________

1)
```
   4 5 8
 + 7 4 9
```

2)
```
   5 9 2
 + 3 0 9
```

3)
```
   1 1 1
 + 5 6 7
```

4)
```
   8 4 2
 + 1 3 3
```

5)
```
   3 2 7
 + 1 6 6
```

6)
```
   2 2 7
 + 7 1 4
```

7)
```
   4 3 5
 + 2 0 7
```

8)
```
   6 5 4
 + 6 6 5
```

9)
```
   2 8 4
 + 7 0 1
```

10)
```
   5 0 9
 + 5 6 6
```

11)
```
   9 5 4
 + 1 3 1
```

12)
```
   7 0 9
 + 7 2 3
```

13)
```
   5 0 2
 + 3 3 2
```

14)
```
   3 3 4
 + 8 5 0
```

15)
```
   2 2 8
 + 9 4 7
```

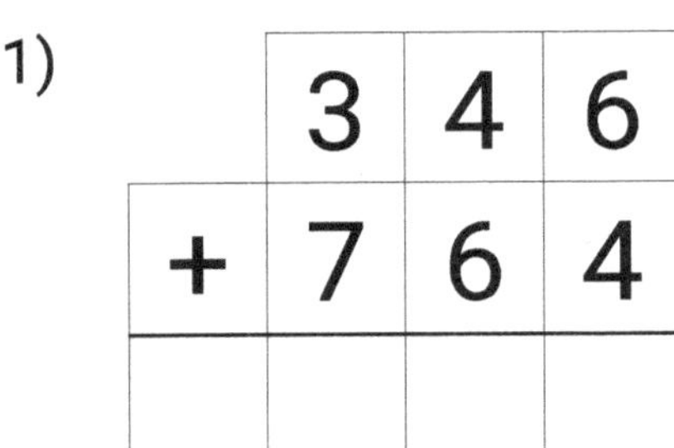

1)
```
   3 4 6
 + 7 6 4
 -------
```

2)
```
   7 3 9
 + 2 4 4
 -------
```

3)
```
   8 0 1
 + 5 3 6
 -------
```

4)
```
   4 4 9
 + 2 3 8
 -------
```

5)
```
   7 2 0
 + 5 4 6
 -------
```

6)
```
   1 2 8
 + 7 6 8
 -------
```

7)
```
   2 4 2
 + 8 1 0
 -------
```

8)
```
   3 6 8
 + 5 0 3
 -------
```

9)
```
   8 6 5
 + 3 7 6
 -------
```

10)
```
   2 4 5
 + 4 0 7
 -------
```

11)
```
   3 8 5
 + 3 3 4
 -------
```

12)
```
   6 8 7
 + 6 3 1
 -------
```

13)
```
   8 2 0
 + 5 2 5
 -------
```

14)
```
   1 1 4
 + 4 3 0
 -------
```

15)
```
   7 2 3
 + 9 1 4
 -------
```

ADDITION
TRIPLE DIGITS

1)
```
   3 6 5
 + 4 7 3
```

2)
```
   8 9 3
 + 7 6 6
```

3)
```
   2 0 5
 + 3 4 7
```

4)
```
   7 0 5
 + 9 9 9
```

5)
```
   6 2 3
 + 5 1 6
```

6)
```
   4 2 3
 + 7 6 4
```

7)
```
   1 8 9
 + 8 4 3
```

8)
```
   5 5 2
 + 3 9 9
```

9)
```
   7 7 1
 + 3 2 1
```

10)
```
   5 2 0
 + 8 1 6
```

11)
```
   2 8 7
 + 5 3 1
```

12)
```
   4 9 2
 + 2 7 1
```

13)
```
   1 0 6
 + 7 4 7
```

14)
```
   1 4 6
 + 2 0 9
```

15)
```
   5 4 3
 + 1 5 1
```

ADDiTiON — TRIPLE DIGITS

NAME_____________________   DATE_____________________

TIME_____________________   SCORE_____________________

1)
```
   9 5 1
 + 7 5 8
```

2)
```
   3 6 0
 + 6 0 3
```

3)
```
   9 1 1
 + 2 5 1
```

4)
```
   3 7 0
 + 5 4 9
```

5)
```
   3 6 9
 + 2 9 5
```

6)
```
   1 3 3
 + 6 2 2
```

7)
```
   1 6 0
 + 4 9 7
```

8)
```
   6 0 7
 + 8 6 1
```

9)
```
   3 5 8
 + 6 5 1
```

10)
```
   2 8 7
 + 8 8 6
```

11)
```
   7 2 9
 + 5 1 7
```

12)
```
   9 4 9
 + 2 4 0
```

13)
```
   3 5 7
 + 4 0 1
```

14)
```
   1 9 3
 + 9 3 3
```

15)
```
   3 8 6
 + 8 2 2
```

ADDiTiON TRIPLE DIGITS

NAME_________________ DATE_________________

TIME_________________ SCORE_________________

1)
```
   6 9 7
 + 9 0 3
```

2)
```
   8 5 4
 + 9 7 7
```

3)
```
   7 0 0
 + 9 7 0
```

4)
```
   6 4 7
 + 8 2 1
```

5)
```
   2 7 8
 + 1 3 2
```

6)
```
   4 6 6
 + 5 0 7
```

7)
```
   3 2 2
 + 2 2 6
```

8)
```
   7 2 6
 + 4 2 9
```

9)
```
   1 6 9
 + 2 1 7
```

10)
```
   7 0 7
 + 5 0 8
```

11)
```
   7 1 1
 + 8 7 3
```

12)
```
   4 7 4
 + 3 4 2
```

13)
```
   3 2 8
 + 6 1 9
```

14)
```
   1 6 7
 + 5 1 0
```

15)
```
   5 2 2
 + 7 3 3
```

ADDITION

TRIPLE DIGITS

NAME_________________   DATE_________________

TIME_________________   SCORE_________________

1)
```
    9 9 4
  +　6 4 8
```

2)
```
    6 2 7
  +　9 9 2
```

3)
```
    8 0 9
  +　2 2 8
```

4)
```
    5 9 4
  +　4 1 0
```

5)
```
    7 6 1
  +　8 5 2
```

6)
```
    5 7 6
  +　9 0 0
```

7)
```
    2 2 5
  +　4 9 8
```

8)
```
    2 8 1
  +　2 0 2
```

9)
```
    9 6 7
  +　4 7 9
```

10)
```
    9 7 6
  +　5 8 5
```

11)
```
    8 3 8
  +　1 7 3
```

12)
```
    7 7 7
  +　1 9 3
```

13)
```
    1 7 0
  +　8 4 5
```

14)
```
    4 6 7
  +　4 4 6
```

15)
```
    3 0 0
  +　4 9 4
```

ADDITION MISSING NUMBER

NAME_________________________ DATE_________________________

TIME_________________________ SCORE_________________________

1)
```
    4  3  7
 +  _  _  _
    6  2  8
```

2)
```
 +  3  8  8
    5  1  9
```

3)
```
 +  7  9  1
 1  4  3  4
```

4)
```
 +  4  3  1
    7  0  9
```

5)
```
 +  1  9  1
 1  1  8  6
```

6)
```
 +  7  4  7
 1  1  5  1
```

7)
```
    3  4  9
 +  _  _  _
    9  0  5
```

8)
```
 +  2  9  4
    5  4  3
```

9)
```
    9  8  0
 +  _  _  _
 1  7  6  7
```

10)
```
    7  8  8
 +  _  _  _
    9  0  3
```

11)
```
 +  4  7  1
 1  2  8  4
```

12)
```
 +  2  5  6
    6  8  3
```

13)
```
 +  8  4  8
 1  4  8  4
```

14)
```
 +  1  9  2
 1  0  1  3
```

15)
```
    2  0  8
 +  _  _  _
    8  2  1
```

NAME_____________________ DATE_____________________

TIME_____________________ SCORE_____________________

1)
```
     _ _ _
  +  5 6 5
  -------
     7 4 1
```

2)
```
     3 5 1
  +  _ _ _
  -------
   1 2 7 4
```

3)
```
     9 1 8
  +  _ _ _
  -------
   1 7 4 6
```

4)
```
     _ _ _
  +  2 5 1
  -------
     8 1 7
```

5)
```
     7 0 5
  +  _ _ _
  -------
     9 6 3
```

6)
```
     _ _ _
  +  8 3 7
  -------
   1 5 0 5
```

7)
```
     _ _ _
  +  7 2 6
  -------
   1 6 7 2
```

8)
```
     _ _ _
  +  2 7 5
  -------
     9 6 1
```

9)
```
     _ _ _
  +  8 3 0
  -------
   1 4 7 7
```

10)
```
     9 1 5
  +  _ _ _
  -------
   1 4 5 6
```

11)
```
     _ _ _
  +  7 0 7
  -------
   1 1 7 0
```

12)
```
     _ _ _
  +  9 4 1
  -------
   1 8 7 4
```

13)
```
     8 8 8
  +  _ _ _
  -------
   1 1 9 9
```

14)
```
     _ _ _
  +  9 8 8
  -------
   1 5 3 2
```

15)
```
     5 7 9
  +  _ _ _
  -------
   1 0 0 1
```

ADDITION MISSING NUMBER

NAME_____________________ DATE_____________________

TIME_____________________ SCORE_____________________

1)
```
    4 1 4
+
    7 4 2
```

2)
```
+ 1 0 7
  3 9 2
```

3)
```
+ 6 3 2
  9 4 9
```

4)
```
+ 6 0 6
1 1 3 5
```

5)
```
+ 4 2 4
  8 0 8
```

6)
```
+ 8 4 7
1 1 8 7
```

7)
```
  8 3 3
+
1 3 7 0
```

8)
```
  1 8 4
+
1 1 3 9
```

9)
```
  4 9 7
+
1 4 8 4
```

10)
```
+ 4 0 3
1 1 7 4
```

11)
```
  3 8 8
+
  6 9 8
```

12)
```
+ 5 5 3
1 1 8 0
```

13)
```
+ 5 1 9
1 0 9 9
```

14)
```
  2 4 8
+
  4 9 8
```

15)
```
  6 1 6
+
  8 2 8
```

NAME____________________ DATE____________________

TIME____________________ SCORE____________________

1)
+	1	3	7
	4	0	6

2)
	9	9	8
+			
1	9	1	1

3)
	5	0	7
+			
	7	2	8

4)
	5	1	4
+			
	9	7	4

5)
+	5	0	7
1	3	5	3

6)
+	7	5	9
1	5	7	0

7)
	9	4	3
+			
1	8	3	5

8)
	9	0	8
+			
1	3	5	3

9)
+	4	8	5
	8	7	0

10)
+	6	9	0
1	4	2	7

11)
+	8	4	2
1	1	3	5

12)
	5	7	6
+			
1	4	4	6

13)
+	2	9	2
	4	0	6

14)
	3	8	1
+			
1	3	6	5

15)
	9	5	8
+			
1	4	6	2

ADDITION — MISSING NUMBER

NAME_____________________ DATE_____________________

TIME_____________________ SCORE_____________________

1)

```
    |   | 3 | 6 | 0 |
  + |   |   |   |   |
  ------------------
    | 1 | 2 | 3 | 3 |
```

2)

```
    |   | 8 | 7 | 3 |
  + |   |   |   |   |
  ------------------
    | 1 | 6 | 6 | 5 |
```

3)

```
    |   | 7 | 3 | 9 |
  + |   |   |   |   |
  ------------------
    | 1 | 4 | 3 | 2 |
```

4)

```
      | 8 | 9 | 2 |
  +   |   |   |   |
  --------------------
  | 1 | 2 | 8 | 7 |
```

5)

```
  + | 3 | 6 | 3 |
  ----------------
  | 1 | 1 | 4 | 7 |
```

6)

```
  + | 2 | 9 | 0 |
  ----------------
  | 1 | 1 | 6 | 8 |
```

7)

```
    | 2 | 8 | 3 |
  + |   |   |   |
  --------------
    | 7 | 5 | 9 |
```

8)

```
    | 3 | 2 | 1 |
  + |   |   |   |
  --------------
    | 6 | 3 | 0 |
```

9)

```
    | 3 | 4 | 5 |
  + |   |   |   |
  --------------
    | 5 | 4 | 7 |
```

10)

```
    | 7 | 8 | 4 |
  + |   |   |   |
  ------------------
  | 1 | 0 | 4 | 5 |
```

11)

```
  + | 1 | 7 | 6 |
  --------------
    | 5 | 9 | 4 |
```

12)

```
  + | 8 | 8 | 6 |
  ------------------
  | 1 | 2 | 2 | 2 |
```

13)

```
    | 9 | 9 | 6 |
  + |   |   |   |
  ------------------
  | 1 | 9 | 1 | 2 |
```

14)

```
  + | 9 | 6 | 8 |
  ------------------
  | 1 | 9 | 4 | 5 |
```

15)

```
    | 4 | 8 | 4 |
  + |   |   |   |
  --------------
    | 7 | 6 | 6 |
```

ADDITION MISSING NUMBER

NAME_____________________ DATE_____________________

TIME_____________________ SCORE_____________________

1)
```
    2 7 1
  +
    3 9 5
```

2)
```
  + 4 0 8
  1 3 3 4
```

3)
```
  + 3 7 9
  1 0 5 8
```

4)
```
    5 3 6
  +
  1 2 3 5
```

5)
```
    8 3 4
  +
  1 4 2 9
```

6)
```
  + 7 7 3
  1 0 9 0
```

7)
```
    2 0 0
  +
    6 9 1
```

8)
```
  + 6 6 2
    7 6 6
```

9)
```
  + 1 6 4
    3 3 2
```

10)
```
  + 2 9 9
    6 7 3
```

11)
```
  + 6 2 8
    7 4 7
```

12)
```
    6 8 3
  +
    8 1 1
```

13)
```
    3 5 4
  +
    5 8 4
```

14)
```
    4 1 7
  +
  1 2 5 4
```

15)
```
  + 9 0 6
  1 7 2 6
```

ADDiTiON MISSING NUMBER

NAME_________________________ DATE_________________________

TIME_________________________ SCORE_________________________

1)
```
    9  1  4
 +  _  _  _
    ___________
 1  3  6  5
```

2)
```
    4  7  1
 +  _  _  _
    ___________
 1  2  8  2
```

3)
```
    6  9  7
 +  _  _  _
    ___________
 1  4  9  3
```

4)
```
    1  4  7
 +  _  _  _
    ___________
    3  3  6
```

5)
```
    2  4  8
 +  _  _  _
    ___________
    6  3  1
```

6)
```
    5  0  8
 +  _  _  _
    ___________
 1  2  3  4
```

7)
```
    6  3  8
 +  _  _  _
    ___________
 1  4  4  3
```

8)
```
    7  3  0
 +  _  _  _
    ___________
 1  2  5  9
```

9)
```
    8  8  8
 +  _  _  _
    ___________
 1  3  9  6
```

10)
```
    _  _  _
 +  3  7  7
    ___________
 1  3  0  4
```

11)
```
    9  6  0
 +  _  _  _
    ___________
 1  2  4  5
```

12)
```
    8  4  5
 +  _  _  _
    ___________
 1  0  3  6
```

13)
```
    3  8  5
 +  _  _  _
    ___________
 1  3  6  0
```

14)
```
    8  9  8
 +  _  _  _
    ___________
 1  6  3  0
```

15)
```
    5  4  0
 +  _  _  _
    ___________
 1  2  3  8
```

ADDITION — MISSING NUMBER

NAME_____________________ DATE_____________________

TIME_____________________ SCORE_____________________

1)
```
  +  9  7  6
     1  1  9  2
```

2)
```
     1  1  4
  +
        7  1  2
```

3)
```
  +  2  9  2
     1  0  8  1
```

4)
```
     5  0  0
  +
        6  4  4
```

5)
```
     7  2  6
  +
        9  6  5
```

6)
```
  +  6  9  9
     1  1  9  7
```

7)
```
  +  1  0  0
        2  1  7
```

8)
```
     9  8  4
  +
     1  2  3  5
```

9)
```
     2  8  0
  +
     1  0  0  7
```

10)
```
  +  6  9  4
     1  1  1  2
```

11)
```
  +  2  0  1
        3  6  8
```

12)
```
     6  1  6
  +
     1  3  1  5
```

13)
```
  +  8  8  8
     1  6  5  9
```

14)
```
     2  4  7
  +
        3  8  6
```

15)
```
     5  5  6
  +
     1  5  4  7
```

ADDITION MISSING NUMBER

NAME__________________ DATE__________________

TIME__________________ SCORE__________________

1)
```
  +   9 8 1
    1 3 9 9
```

2)
```
    2 3 8
  +
      9 1 3
```

3)
```
    3 4 1
  +
    1 1 9 4
```

4)
```
    7 7 2
  +
    1 5 9 7
```

5)
```
  + 5 2 9
      7 3 9
```

6)
```
  + 5 1 7
    1 2 1 6
```

7)
```
  + 4 9 7
    1 4 0 0
```

8)
```
  + 1 8 0
      9 1 1
```

9)
```
    4 7 5
  +
    1 1 1 4
```

10)
```
  + 8 7 9
    1 6 9 9
```

11)
```
    2 5 1
  +
    1 0 0 4
```

12)
```
    9 2 0
  +
    1 8 7 3
```

13)
```
    4 2 5
  +
      7 7 3
```

14)
```
    9 7 5
  +
    1 5 4 8
```

15)
```
    8 1 2
  +
    1 4 5 2
```

ADDITION MISSING NUMBER

NAME_________________ DATE_________________

TIME_________________ SCORE_________________

1)
```
  +  7  0  3
     1  1  4  5
```

2)
```
  +  6  5  9
     1  0  6  5
```

3)
```
  +  8  6  7
     1  0  1  3
```

4)
```
  +  8  6  3
     1  1  9  9
```

5)
```
     6  1  1
  +
        9  5  1
```

6)
```
     7  7  8
  +
     1  0  4  7
```

7)
```
     5  9  1
  +
     1  0  7  3
```

8)
```
  +  4  4  5
        7  4  0
```

9)
```
  +  7  6  3
     1  1  7  9
```

10)
```
     5  3  5
  +
        7  6  0
```

11)
```
  +  7  5  8
     1  6  1  8
```

12)
```
  +  8  2  0
     1  0  7  7
```

13)
```
  +  4  6  6
        8  1  4
```

14)
```
     6  1  3
  +
     1  0  3  4
```

15)
```
     9  4  1
  +
     1  4  6  3
```

ADDITION TRIPLE ROWS

NAME_________________ DATE_________________

TIME_________________ SCORE_________________

1)
$$\begin{array}{r} 35 \\ 72 \\ +\ 43 \\ \hline \end{array}$$

2)
$$\begin{array}{r} 46 \\ 98 \\ +\ 94 \\ \hline \end{array}$$

3)
$$\begin{array}{r} 68 \\ 49 \\ +\ 25 \\ \hline \end{array}$$

4)
$$\begin{array}{r} 84 \\ 27 \\ +\ 70 \\ \hline \end{array}$$

5)
$$\begin{array}{r} 28 \\ 94 \\ +\ 64 \\ \hline \end{array}$$

6)
$$\begin{array}{r} 14 \\ 68 \\ +\ 57 \\ \hline \end{array}$$

7)
$$\begin{array}{r} 73 \\ 75 \\ +\ 55 \\ \hline \end{array}$$

8)
$$\begin{array}{r} 61 \\ 29 \\ +\ 99 \\ \hline \end{array}$$

9)
$$\begin{array}{r} 60 \\ 97 \\ +\ 16 \\ \hline \end{array}$$

10)
$$\begin{array}{r} 77 \\ 3 \\ +\ 60 \\ \hline \end{array}$$

11)
$$\begin{array}{r} 53 \\ 85 \\ +\ 56 \\ \hline \end{array}$$

12)
$$\begin{array}{r} 44 \\ 8 \\ +\ 73 \\ \hline \end{array}$$

13)
$$\begin{array}{r} 43 \\ 59 \\ +\ 1 \\ \hline \end{array}$$

14)
$$\begin{array}{r} 38 \\ 28 \\ +\ 90 \\ \hline \end{array}$$

15)
$$\begin{array}{r} 93 \\ 78 \\ +\ 46 \\ \hline \end{array}$$

16)
$$\begin{array}{r} 56 \\ 23 \\ +\ 24 \\ \hline \end{array}$$

17)
$$\begin{array}{r} 90 \\ 53 \\ +\ 68 \\ \hline \end{array}$$

18)
$$\begin{array}{r} 14 \\ 38 \\ +\ 0 \\ \hline \end{array}$$

19)
$$\begin{array}{r} 17 \\ 99 \\ +\ 96 \\ \hline \end{array}$$

20)
$$\begin{array}{r} 80 \\ 97 \\ +\ 4 \\ \hline \end{array}$$

NAME_______________________ DATE_______________________

TIME_______________________ SCORE_______________________

1)
```
   9 4
   3 2
 +   5
-------
```

2)
```
   4 5
   3 0
 + 2 1
-------
```

3)
```
   8 9
   9 3
 + 7 4
-------
```

4)
```
   8 2
   9 7
 + 8 8
-------
```

5)
```
   6 3
   5 2
 + 9 2
-------
```

6)
```
   5 4
   3 6
 + 9 0
-------
```

7)
```
   7 5
   3 7
 + 5 7
-------
```

8)
```
     7
   8 3
 + 4 9
-------
```

9)
```
   2 2
   1 7
 + 8 6
-------
```

10)
```
   2 8
   5 7
 + 3 1
-------
```

11)
```
   3 6
   8 0
 +   0
-------
```

12)
```
   1 5
   5 9
 + 1 3
-------
```

13)
```
   6 2
   7 3
 +   7
-------
```

14)
```
   9 0
   7 9
 + 3 4
-------
```

15)
```
   4 1
   8 6
 + 4 2
-------
```

16)
```
   1 3
   6 3
 + 9 7
-------
```

17)
```
   5 8
   6 5
 + 4 4
-------
```

18)
```
   6 4
   2 4
 + 7 9
-------
```

19)
```
   4 8
   4 4
 + 4 1
-------
```

20)
```
   4 3
   7 9
 + 4 6
-------
```

NAME________________ DATE________________

TIME________________ SCORE________________

1)
```
  8 4
  2 3
+ 1 0
-----
```

2)
```
  4 3
  5 7
+ 2 2
-----
```

3)
```
  9 9
    3
+   5
-----
```

4)
```
  6 0
  4 6
+ 7 6
-----
```

5)
```
  3 9
  3 7
+ 7 5
-----
```

6)
```
  2 5
  5 9
+ 5 6
-----
```

7)
```
  6 1
  2 4
+ 2 0
-----
```

8)
```
  4 1
  9 3
+ 1 2
-----
```

9)
```
  4 3
  5 8
+ 1 0
-----
```

10)
```
  4 7
  9 0
+ 3 3
-----
```

11)
```
  4 5
  5 3
+ 3 4
-----
```

12)
```
  1 9
  4 5
+ 4 4
-----
```

13)
```
  3 4
    7
+ 8 6
-----
```

14)
```
  9 6
  3 1
+ 6 8
-----
```

15)
```
  2 4
  2 1
+ 2 2
-----
```

16)
```
  4 3
  3 0
+ 7 8
-----
```

17)
```
    4
    6
+ 1 9
-----
```

18)
```
  9 4
  5 2
+ 5 3
-----
```

19)
```
  6 3
  9 9
+ 9 9
-----
```

20)
```
    5
    4
+   1
-----
```

ADDiTiON TRIPLE ROWS

NAME____________________ DATE____________________

TIME____________________ SCORE____________________

1)
```
   8 5
   5 5
 + 2 4
```

2)
```
   2 0
     0
 + 3 0
```

3)
```
   7 4
   1 9
 + 9 9
```

4)
```
   1 1
   3 8
 + 7 2
```

5)
```
     8
   4 8
 + 2 9
```

6)
```
   1 2
   4 1
 + 1 8
```

7)
```
   7 7
   4 9
 +   6
```

8)
```
   4 5
   1 4
 + 6 1
```

9)
```
   9 3
   1 3
 + 6 3
```

10)
```
   3 6
   4 0
 + 9 7
```

11)
```
   1 5
   5 9
 + 2 1
```

12)
```
   9 2
   4 6
 + 5 6
```

13)
```
     9
     7
 + 5 5
```

14)
```
   9 7
   1 1
 +   5
```

15)
```
   2 8
   2 7
 + 7 9
```

16)
```
   4 5
   9 6
 + 8 5
```

17)
```
   8 5
   4 9
 +   8
```

18)
```
   8 4
   2 9
 + 5 2
```

19)
```
   2 8
   5 1
 + 8 3
```

20)
```
   8 5
   4 4
 + 6 8
```

ADDITION TRIPLE ROWS

NAME________________ DATE________________

TIME________________ SCORE________________

1)
```
   8 8
   3 7
 + 8 7
```

2)
```
   1 9
   2 5
 +   7
```

3)
```
   4 3
   3 3
 + 5 8
```

4)
```
   3 8
   3 5
 + 5 1
```

5)
```
   4 7
   1 9
 + 1 4
```

6)
```
   5 6
   6 8
 + 8 2
```

7)
```
   9 7
     3
 + 4 4
```

8)
```
   4 7
   7 3
 + 8 7
```

9)
```
   4 5
   9 4
 + 6 4
```

10)
```
   4 2
   7 3
 + 8 5
```

11)
```
   7 0
   1 3
 + 7 4
```

12)
```
   3 2
   9 0
 + 4 5
```

13)
```
     2
   9 7
 + 5 7
```

14)
```
   9 3
   3 6
 + 8 0
```

15)
```
   7 5
   8 4
 + 1 0
```

16)
```
   9 0
   3 8
 + 4 0
```

17)
```
   7 2
     9
 + 4 2
```

18)
```
   8 3
   8 7
 +   6
```

19)
```
   3 5
     8
 + 8 1
```

20)
```
   3 9
   8 6
 + 6 9
```

ADDITION TRIPLE ROWS

NAME_________________ DATE_________________

TIME_________________ SCORE_________________

1)
```
   3 9
   5 0
 + 9 8
```

2)
```
   5 3
   7 3
 + 3 7
```

3)
```
   4 9
   8 3
 + 6 1
```

4)
```
   7 4
     8
 + 5 8
```

5)
```
   9 9
   4 8
 + 6 7
```

6)
```
   5 8
   1 2
 + 3 4
```

7)
```
   2 3
   8 2
 + 7 0
```

8)
```
     3
   6 7
 + 4 5
```

9)
```
   1 1
   7 8
 + 4 0
```

10)
```
   1 2
   2 1
 + 2 6
```

11)
```
   5 4
   8 5
 + 1 6
```

12)
```
   8 8
   9 9
 + 1 5
```

13)
```
   4 2
   1 3
 + 9 1
```

14)
```
   5 7
   4 8
 + 9 7
```

15)
```
   2 4
   6 1
 + 2 9
```

16)
```
   3 7
   2 5
 + 5 5
```

17)
```
   3 7
   6 4
 + 5 8
```

18)
```
   1 0
   6 1
 + 2 3
```

19)
```
   3 7
   9 2
 + 6 3
```

20)
```
   2 4
   6 8
 + 7 2
```

NAME_________________ DATE_________________

TIME_________________ SCORE_________________

1)
```
   2 4
   1 6
 + 2 9
-------
```

2)
```
   4 4
   9 2
 + 7 3
-------
```

3)
```
   8 4
   3 1
 + 4 6
-------
```

4)
```
   3 6
   8 8
 + 8 7
-------
```

5)
```
   3 3
   3 6
 + 6 3
-------
```

6)
```
     8
   3 8
 + 6 4
-------
```

7)
```
   2 4
   1 8
 + 8 3
-------
```

8)
```
   8 1
     3
 + 7 0
-------
```

9)
```
   3 1
   4 0
 + 7 2
-------
```

10)
```
   2 1
   4 3
 + 7 5
-------
```

11)
```
   4 4
   8 9
 + 2 0
-------
```

12)
```
   9 4
     3
 + 1 7
-------
```

13)
```
   1 4
     1
 + 3 7
-------
```

14)
```
   4 7
   4 5
 + 4 0
-------
```

15)
```
   6 7
   2 9
 + 1 1
-------
```

16)
```
   2 4
   3 8
 + 8 9
-------
```

17)
```
   3 6
   5 8
 + 8 9
-------
```

18)
```
   9 0
     8
 + 6 7
-------
```

19)
```
   7 7
   4 8
 + 7 6
-------
```

20)
```
   6 4
   3 3
 + 4 1
-------
```

NAME________________   DATE________________

TIME________________   SCORE________________

1)
```
   9 6
   6 4
 + 5 5
 ------
```

2)
```
   2 2
     7
 + 2 1
 ------
```

3)
```
   4 3
   4 8
 + 6 5
 ------
```

4)
```
   7 0
   4 3
 + 1 7
 ------
```

5)
```
     6
   6 0
 + 6 4
 ------
```

6)
```
   8 8
   2 3
 +   3
 ------
```

7)
```
   5 7
   1 0
 + 3 6
 ------
```

8)
```
   9 1
   7 0
 + 9 5
 ------
```

9)
```
   8 8
     2
 + 3 2
 ------
```

10)
```
   2 7
   9 7
 + 8 2
 ------
```

11)
```
   3 8
   2 5
 + 8 2
 ------
```

12)
```
   9 5
   7 8
 + 6 2
 ------
```

13)
```
   5 0
     9
 + 1 1
 ------
```

14)
```
   3 3
   6 8
 + 1 8
 ------
```

15)
```
   6 3
   4 7
 + 9 5
 ------
```

16)
```
   6 6
   3 2
 + 2 8
 ------
```

17)
```
   4 7
   6 4
 + 6 2
 ------
```

18)
```
   9 4
   2 5
 + 6 0
 ------
```

19)
```
   7 4
   1 7
 + 3 2
 ------
```

20)
```
   5 9
   8 7
 +   6
 ------
```

NAME_____________________ DATE_____________________

TIME_____________________ SCORE_____________________

1)
```
    7 3
    9 0
+   3 5
-------
```

2)
```
    5 4
    3 4
+   6 9
-------
```

3)
```
    7 3
    8 3
+   3 2
-------
```

4)
```
    8 8
      6
+   5 3
-------
```

5)
```
    1 7
      4
+   5 2
-------
```

6)
```
    1 5
    6 4
+   8 7
-------
```

7)
```
    8 1
    2 8
+   8 5
-------
```

8)
```
    1 6
    1 2
+   9 1
-------
```

9)
```
    7 5
    4 7
+   4 5
-------
```

10)
```
    1 6
    9 2
+   7 5
-------
```

11)
```
      2
    1 6
+     3
-------
```

12)
```
    7 2
    7 6
+   2 4
-------
```

13)
```
    6 2
    2 6
+     4
-------
```

14)
```
    2 4
      2
+   5 1
-------
```

15)
```
    1 1
      6
+   4 8
-------
```

16)
```
    3 9
    8 2
+   8 1
-------
```

17)
```
    1 0
    6 4
+   7 5
-------
```

18)
```
    1 9
    1 5
+   5 4
-------
```

19)
```
    7 7
    9 9
+   4 2
-------
```

20)
```
    5 4
    1 1
+   1 1
-------
```

NAME____________________ DATE____________________

TIME____________________ SCORE____________________

1)
```
    8 5
    1 2
+   3 6
———————
```

2)
```
    5 0
    6 8
+   8 6
———————
```

3)
```
    4 5
    2 1
+   6 7
———————
```

4)
```
    3 3
    8 1
+   3 5
———————
```

5)
```
      9
    9 8
+   1 2
———————
```

6)
```
    9 3
    6 4
+   2 4
———————
```

7)
```
      6
    7 2
+   3 2
———————
```

8)
```
    2 4
    9 1
+   9 6
———————
```

9)
```
    1 5
    1 1
+   5 9
———————
```

10)
```
      7
    2 7
+     0
———————
```

11)
```
    5 3
      4
+   3 8
———————
```

12)
```
    4 7
    2 5
+   1 6
———————
```

13)
```
    4 1
    9 8
+   1 7
———————
```

14)
```
    8 0
    4 9
+   8 1
———————
```

15)
```
    3 2
      5
+   1 6
———————
```

16)
```
    2 6
    2 7
+   8 2
———————
```

17)
```
    2 5
    8 7
+   5 3
———————
```

18)
```
    1 4
    5 2
+   4 1
———————
```

19)
```
    6 0
    9 6
+   5 1
———————
```

20)
```
    1 8
    8 2
+   7 4
———————
```

SUBTRACTION **SINGLE DIGIT**

NAME_____________________ DATE_____________________

TIME_____________________ SCORE_____________________

1)
$$\begin{array}{r} 8 \\ -\ 4 \\ \hline \end{array}$$

2)
$$\begin{array}{r} 1 \\ -\ 1 \\ \hline \end{array}$$

3)
$$\begin{array}{r} 9 \\ -\ 9 \\ \hline \end{array}$$

4)
$$\begin{array}{r} 6 \\ -\ 3 \\ \hline \end{array}$$

5)
$$\begin{array}{r} 5 \\ -\ 1 \\ \hline \end{array}$$

6)
$$\begin{array}{r} 5 \\ -\ 4 \\ \hline \end{array}$$

7)
$$\begin{array}{r} 9 \\ -\ 7 \\ \hline \end{array}$$

8)
$$\begin{array}{r} 4 \\ -\ 3 \\ \hline \end{array}$$

9)
$$\begin{array}{r} 9 \\ -\ 8 \\ \hline \end{array}$$

10)
$$\begin{array}{r} 7 \\ -\ 6 \\ \hline \end{array}$$

11)
$$\begin{array}{r} 8 \\ -\ 1 \\ \hline \end{array}$$

12)
$$\begin{array}{r} 5 \\ -\ 2 \\ \hline \end{array}$$

13)
$$\begin{array}{r} 4 \\ -\ 1 \\ \hline \end{array}$$

14)
$$\begin{array}{r} 9 \\ -\ 2 \\ \hline \end{array}$$

15)
$$\begin{array}{r} 8 \\ -\ 6 \\ \hline \end{array}$$

16)
$$\begin{array}{r} 7 \\ -\ 3 \\ \hline \end{array}$$

17)
$$\begin{array}{r} 8 \\ -\ 8 \\ \hline \end{array}$$

18)
$$\begin{array}{r} 8 \\ -\ 5 \\ \hline \end{array}$$

19)
$$\begin{array}{r} 7 \\ -\ 5 \\ \hline \end{array}$$

20)
$$\begin{array}{r} 7 \\ -\ 2 \\ \hline \end{array}$$

21)
$$\begin{array}{r} 9 \\ -\ 6 \\ \hline \end{array}$$

22)
$$\begin{array}{r} 6 \\ -\ 5 \\ \hline \end{array}$$

23)
$$\begin{array}{r} 7 \\ -\ 6 \\ \hline \end{array}$$

24)
$$\begin{array}{r} 8 \\ -\ 6 \\ \hline \end{array}$$

25)
$$\begin{array}{r} 8 \\ -\ 3 \\ \hline \end{array}$$

SUBTRACTION

SINGLE DIGIT

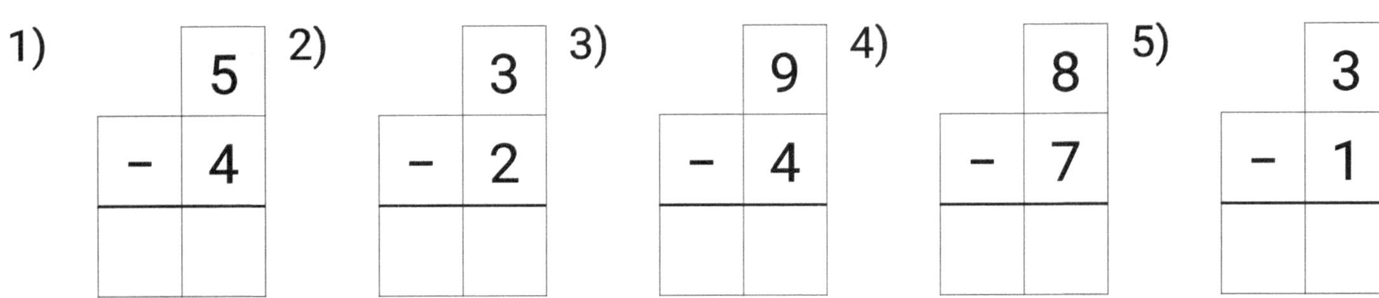

1)
```
    5
-   4
─────
```

2)
```
    3
-   2
─────
```

3)
```
    9
-   4
─────
```

4)
```
    8
-   7
─────
```

5)
```
    3
-   1
─────
```

6)
```
    9
-   4
─────
```

7)
```
    9
-   6
─────
```

8)
```
    3
-   2
─────
```

9)
```
    4
-   1
─────
```

10)
```
    1
-   1
─────
```

11)
```
    7
-   4
─────
```

12)
```
    9
-   6
─────
```

13)
```
    8
-   2
─────
```

14)
```
    8
-   3
─────
```

15)
```
    4
-   3
─────
```

16)
```
    9
-   5
─────
```

17)
```
    5
-   3
─────
```

18)
```
    3
-   2
─────
```

19)
```
    8
-   1
─────
```

20)
```
    9
-   5
─────
```

21)
```
    4
-   3
─────
```

22)
```
    6
-   1
─────
```

23)
```
    5
-   1
─────
```

24)
```
    9
-   7
─────
```

25)
```
    8
-   3
─────
```

SUBTRACTION SINGLE DIGIT

NAME_________________ DATE_________________

TIME_________________ SCORE_________________

1)
```
   9
 - 2
-----
```

2)
```
   7
 - 6
-----
```

3)
```
   4
 - 4
-----
```

4)
```
   9
 - 2
-----
```

5)
```
   4
 - 3
-----
```

6)
```
   6
 - 2
-----
```

7)
```
   9
 - 4
-----
```

8)
```
   9
 - 8
-----
```

9)
```
   4
 - 3
-----
```

10)
```
   5
 - 4
-----
```

11)
```
   3
 - 1
-----
```

12)
```
   9
 - 1
-----
```

13)
```
   6
 - 2
-----
```

14)
```
   8
 - 4
-----
```

15)
```
   3
 - 3
-----
```

16)
```
   1
 - 1
-----
```

17)
```
   7
 - 5
-----
```

18)
```
   7
 - 1
-----
```

19)
```
   6
 - 4
-----
```

20)
```
   8
 - 6
-----
```

21)
```
   5
 - 3
-----
```

22)
```
   9
 - 3
-----
```

23)
```
   3
 - 2
-----
```

24)
```
   9
 - 7
-----
```

25)
```
   7
 - 2
-----
```

SUBTRACTION SINGLE DIGIT

NAME_________________   DATE_________________

TIME_________________   SCORE_________________

1)
```
   6
 - 6
 ___
```

2)
```
   8
 - 3
 ___
```

3)
```
   6
 - 2
 ___
```

4)
```
   3
 - 3
 ___
```

5)
```
   3
 - 2
 ___
```

6)
```
   9
 - 6
 ___
```

7)
```
   5
 - 1
 ___
```

8)
```
   5
 - 2
 ___
```

9)
```
   9
 - 3
 ___
```

10)
```
   9
 - 8
 ___
```

11)
```
   9
 - 1
 ___
```

12)
```
   8
 - 3
 ___
```

13)
```
   9
 - 9
 ___
```

14)
```
   9
 - 4
 ___
```

15)
```
   2
 - 2
 ___
```

16)
```
   7
 - 7
 ___
```

17)
```
   9
 - 8
 ___
```

18)
```
   7
 - 1
 ___
```

19)
```
   3
 - 3
 ___
```

20)
```
   9
 - 6
 ___
```

21)
```
   8
 - 1
 ___
```

22)
```
   4
 - 1
 ___
```

23)
```
   2
 - 1
 ___
```

24)
```
   9
 - 1
 ___
```

25)
```
   7
 - 7
 ___
```

SUBTRACTION — SINGLE DIGIT

NAME_________________ DATE_________________

TIME_________________ SCORE_________________

1)
```
   9
-  1
____
```

2)
```
   9
-  5
____
```

3)
```
   9
-  3
____
```

4)
```
   1
-  1
____
```

5)
```
   9
-  5
____
```

6)
```
   6
-  5
____
```

7)
```
   9
-  9
____
```

8)
```
   3
-  3
____
```

9)
```
   6
-  1
____
```

10)
```
   5
-  5
____
```

11)
```
   6
-  1
____
```

12)
```
   8
-  1
____
```

13)
```
   6
-  5
____
```

14)
```
   5
-  3
____
```

15)
```
   5
-  4
____
```

16)
```
   6
-  2
____
```

17)
```
   5
-  2
____
```

18)
```
   8
-  7
____
```

19)
```
   7
-  4
____
```

20)
```
   9
-  8
____
```

21)
```
   6
-  2
____
```

22)
```
   9
-  2
____
```

23)
```
   7
-  7
____
```

24)
```
   9
-  9
____
```

25)
```
   9
-  5
____
```

SUBTRACTION — MISSING NUMBER

NAME________________ DATE________________

TIME________________ SCORE________________

1)
```
    5
-
    4
```

2)
```
-   1
    2
```

3)
    7
-
    2

4)
-   5
    1

5)
    3
-
    0

6)
-   2
    1

7)
    9
-
    4

8)
-   5
    4

9)
    9
-
    8

10)
-   2
    2

11)
    8
-
    1

12)
-   1
    1

13)
    5
-
    2

14)
-   5
    0

15)
    7
-
    0

16)
-   3
    3

17)
    9
-
    4

18)
-   3
    5

19)
    7
-
    1

20)
-   5
    3

21)
    6
-
    4

22)
-   1
    1

23)
    9
-
    4

24)
-   2
    5

25)
    6
-
    1
```
```

SUBTRACTION — MISSING NUMBER

NAME________________ DATE________________

TIME________________ SCORE________________

1)
```
   1
-
   0
```

2)
```
-  2
   5
```

3)
```
   6
-
   3
```

4)
```
-  5
   4
```

5)
```
   5
-
   0
```

6)
```
-  6
   0
```

7)
```
   8
-
   6
```

8)
```
-  3
   4
```

9)
```
   7
-
   2
```

10)
```
-  2
   5
```

11)
```
   1
-
   0
```

12)
```
-  1
   4
```

13)
```
   8
-
   7
```

14)
```
-  1
   5
```

15)
```
   9
-
   6
```

16)
```
-  5
   4
```

17)
```
   6
-
   4
```

18)
```
-  7
   1
```

19)
```
   4
-
   0
```

20)
```
-  2
   7
```

21)
```
   5
-
   3
```

22)
```
-  1
   0
```

23)
```
   7
-
   1
```

24)
```
-  5
   3
```

25)
```
   8
-
   6
```

SUBTRACTION MISSING NUMBER

NAME_________________ DATE_________________

TIME_________________ SCORE_________________

1) 7 − ☐ = 6

2) ☐ − 2 = 3

3) 9 − ☐ = 6

4) ☐ − 2 = 5

5) 7 − ☐ = 6

6) ☐ − 2 = 4

7) 9 − ☐ = 8

8) ☐ − 6 = 1

9) 8 − ☐ = 1

10) ☐ − 2 = 0

11) 9 − ☐ = 4

12) ☐ − 3 = 6

13) 6 − ☐ = 4

14) ☐ − 5 = 0

15) 6 − ☐ = 2

16) ☐ − 4 = 0

17) 8 − ☐ = 4

18) ☐ − 1 = 8

19) 9 − ☐ = 1

20) ☐ − 5 = 4

21) 7 − ☐ = 4

22) ☐ − 2 = 0

23) 8 − ☐ = 4

24) ☐ − 2 = 7

25) 6 − ☐ = 3

NAME_____________________ DATE_____________________

TIME_____________________ SCORE_____________________

1)
```
    9
-   
―――
    1
```

2)
```
-   4
―――
    2
```

3)
```
    9
-   
―――
    3
```

4)
```
-   5
―――
    1
```

5)
```
    8
-   
―――
    2
```

6)
```
-   6
―――
    3
```

7)
```
    9
-   
―――
    0
```

8)
```
-   7
―――
    2
```

9)
```
    8
-   
―――
    6
```

10)
```
-   5
―――
    2
```

11)
```
    9
-   
―――
    6
```

12)
```
-   7
―――
    1
```

13)
```
    9
-   
―――
    4
```

14)
```
-   1
―――
    2
```

15)
```
    8
-   
―――
    4
```

16)
```
-   7
―――
    0
```

17)
```
    8
-   
―――
    2
```

18)
```
-   7
―――
    0
```

19)
```
    8
-   
―――
    5
```

20)
```
-   6
―――
    3
```

21)
```
    7
-   
―――
    2
```

22)
```
-   3
―――
    3
```

23)
```
    2
-   
―――
    1
```

24)
```
-   2
―――
    3
```

25)
```
    9
-   
―――
    3
```

SUBTRACTION — MISSING NUMBER

NAME_________________________ DATE_________________________

TIME_________________________ SCORE_________________________

1)
```
    9
-
    8
```

2)
```
-   7
    1
```

3)
```
    6
-
    4
```

4)
```
-   5
    2
```

5)
```
    6
-
    4
```

6)
```
-   1
    7
```

7)
```
    3
-
    0
```

8)
```
-   1
    2
```

9)
```
    9
-
    6
```

10)
```
-   2
    2
```

11)
```
    5
-
    3
```

12)
```
-   1
    6
```

13)
```
    7
-
    3
```

14)
```
-   3
    2
```

15)
```
    2
-
    0
```

16)
```
-   1
    5
```

17)
```
    9
-
    1
```

18)
```
-   2
    4
```

19)
```
    5
-
    0
```

20)
```
-   2
    5
```

21)
```
    7
-
    6
```

22)
```
-   2
    2
```

23)
```
    1
-
    0
```

24)
```
-   6
    3
```

25)
```
    5
-
    4
```

SUBTRACTION DOUBLE DIGITS

NAME________________   DATE________________

TIME________________   SCORE________________

1)
```
   3 8
 - 2 1
 -----
```

2)
```
   7 4
 - 5 5
 -----
```

3)
```
   7 9
 - 3 1
 -----
```

4)
```
   6 6
 - 4 4
 -----
```

5)
```
   5 8
 - 5 8
 -----
```

6)
```
   7 1
 - 2 1
 -----
```

7)
```
   8 8
 - 3 3
 -----
```

8)
```
   6 2
 - 3 4
 -----
```

9)
```
   8 9
 - 3 0
 -----
```

10)
```
   8 8
 - 1 6
 -----
```

11)
```
   8 8
 - 7 3
 -----
```

12)
```
   8 2
 - 7 5
 -----
```

13)
```
   8 7
 - 3 3
 -----
```

14)
```
   5 8
 - 5 6
 -----
```

15)
```
   7 3
 - 4 5
 -----
```

16)
```
   8 9
 - 8 1
 -----
```

17)
```
   2 3
 - 1 9
 -----
```

18)
```
   3 2
 - 1 7
 -----
```

19)
```
   8 3
 - 3 3
 -----
```

20)
```
   8 6
 - 8 5
 -----
```

SUBTRACTION DOUBLE DIGITS

1)
```
   5 6
-  3 7
-------
```

2)
```
   9 5
-  6 9
-------
```

3)
```
   6 6
-  5 1
-------
```

4)
```
   7 2
-  6 6
-------
```

5)
```
   9 2
-  7 5
-------
```

6)
```
   9 5
-  7 6
-------
```

7)
```
   5 1
-  2 0
-------
```

8)
```
   8 0
-  2 3
-------
```

9)
```
   8 9
-  4 2
-------
```

10)
```
   8 5
-  2 9
-------
```

11)
```
   9 2
-  3 8
-------
```

12)
```
   8 8
-  8 8
-------
```

13)
```
   7 4
-  7 1
-------
```

14)
```
   5 9
-  1 8
-------
```

15)
```
   6 0
-  1 9
-------
```

16)
```
   9 9
-  5 2
-------
```

17)
```
   2 0
-  1 4
-------
```

18)
```
   7 2
-  4 9
-------
```

19)
```
   9 7
-  5 5
-------
```

20)
```
   9 9
-  1 7
-------
```

SUBTRACTION DOUBLE DIGITS

NAME________________   DATE________________

TIME________________   SCORE________________

1)
```
   2 6
-  2 2
-------
```

2)
```
   9 2
-  8 7
-------
```

3)
```
   8 0
-  1 2
-------
```

4)
```
   5 0
-  1 0
-------
```

5)
```
   9 6
-  3 5
-------
```

6)
```
   5 0
-  4 3
-------
```

7)
```
   4 3
-  1 7
-------
```

8)
```
   8 7
-  8 3
-------
```

9)
```
   4 9
-  2 5
-------
```

10)
```
   6 5
-  5 3
-------
```

11)
```
   6 7
-  3 4
-------
```

12)
```
   9 1
-  7 2
-------
```

13)
```
   9 3
-  4 0
-------
```

14)
```
   7 2
-  6 7
-------
```

15)
```
   8 2
-  2 5
-------
```

16)
```
   5 4
-  2 0
-------
```

17)
```
   6 9
-  1 9
-------
```

18)
```
   8 4
-  4 4
-------
```

19)
```
   5 1
-  4 2
-------
```

20)
```
   8 7
-  2 7
-------
```

SUBTRACTION DOUBLE DIGITS

NAME_________________ DATE_________________

TIME_________________ SCORE_________________

1)
```
    9 2
-   2 9
```

2)
```
    7 8
-   6 6
```

3)
```
    1 3
-   1 0
```

4)
```
    6 6
-   5 1
```

5)
```
    4 4
-   1 5
```

6)
```
    5 7
-   5 5
```

7)
```
    8 7
-   6 3
```

8)
```
    9 9
-   7 0
```

9)
```
    6 9
-   6 1
```

10)
```
    5 8
-   3 9
```

11)
```
    5 7
-   3 9
```

12)
```
    9 1
-   8 7
```

13)
```
    8 9
-   3 3
```

14)
```
    9 8
-   4 8
```

15)
```
    5 7
-   3 3
```

16)
```
    2 7
-   1 9
```

17)
```
    6 5
-   1 5
```

18)
```
    9 8
-   4 5
```

19)
```
    8 3
-   3 8
```

20)
```
    9 0
-   2 5
```

SUBTRACTION DOUBLE DIGITS

NAME_____________________ DATE_____________________

TIME_____________________ SCORE_____________________

1)
```
   8 9
 - 6 7
 ------
```

2)
```
   9 9
 - 6 4
 ------
```

3)
```
   8 1
 - 6 1
 ------
```

4)
```
   9 1
 - 7 0
 ------
```

5)
```
   6 1
 - 2 1
 ------
```

6)
```
   8 1
 - 6 9
 ------
```

7)
```
   9 4
 - 7 5
 ------
```

8)
```
   5 6
 - 5 3
 ------
```

9)
```
   5 2
 - 1 7
 ------
```

10)
```
   9 7
 - 9 3
 ------
```

11)
```
   5 0
 - 1 3
 ------
```

12)
```
   3 5
 - 3 2
 ------
```

13)
```
   2 4
 - 1 8
 ------
```

14)
```
   3 6
 - 2 4
 ------
```

15)
```
   6 5
 - 6 4
 ------
```

16)
```
   8 2
 - 3 0
 ------
```

17)
```
   8 8
 - 3 2
 ------
```

18)
```
   6 8
 - 4 8
 ------
```

19)
```
   9 6
 - 8 1
 ------
```

20)
```
   5 2
 - 2 5
 ------
```

SUBTRACTION DOUBLE DIGITS

NAME_______________________ DATE_______________________

TIME_______________________ SCORE_______________________

1)
```
   5 8
 - 1 9
```

2)
```
   6 5
 - 4 4
```

3)
```
   6 8
 - 4 3
```

4)
```
   4 9
 - 1 1
```

5)
```
   9 3
 - 4 7
```

6)
```
   6 0
 - 5 4
```

7)
```
   7 6
 - 1 1
```

8)
```
   1 5
 - 1 0
```

9)
```
   9 2
 - 4 9
```

10)
```
   4 1
 - 3 1
```

11)
```
   4 1
 - 3 2
```

12)
```
   8 0
 - 6 0
```

13)
```
   3 6
 - 1 3
```

14)
```
   7 9
 - 7 0
```

15)
```
   8 2
 - 1 6
```

16)
```
   1 9
 - 1 3
```

17)
```
   9 0
 - 5 7
```

18)
```
   5 9
 - 1 7
```

19)
```
   9 5
 - 6 6
```

20)
```
   5 0
 - 3 7
```

SUBTRACTION — DOUBLE DIGITS

NAME_____________________ DATE_____________________

TIME_____________________ SCORE_____________________

1)
$$\begin{array}{r} 75 \\ -\ 59 \\ \hline \end{array}$$

2)
$$\begin{array}{r} 43 \\ -\ 38 \\ \hline \end{array}$$

3)
$$\begin{array}{r} 96 \\ -\ 21 \\ \hline \end{array}$$

4)
$$\begin{array}{r} 86 \\ -\ 65 \\ \hline \end{array}$$

5)
$$\begin{array}{r} 42 \\ -\ 35 \\ \hline \end{array}$$

6)
$$\begin{array}{r} 75 \\ -\ 58 \\ \hline \end{array}$$

7)
$$\begin{array}{r} 97 \\ -\ 71 \\ \hline \end{array}$$

8)
$$\begin{array}{r} 83 \\ -\ 59 \\ \hline \end{array}$$

9)
$$\begin{array}{r} 72 \\ -\ 57 \\ \hline \end{array}$$

10)
$$\begin{array}{r} 27 \\ -\ 26 \\ \hline \end{array}$$

11)
$$\begin{array}{r} 72 \\ -\ 58 \\ \hline \end{array}$$

12)
$$\begin{array}{r} 96 \\ -\ 29 \\ \hline \end{array}$$

13)
$$\begin{array}{r} 36 \\ -\ 23 \\ \hline \end{array}$$

14)
$$\begin{array}{r} 47 \\ -\ 40 \\ \hline \end{array}$$

15)
$$\begin{array}{r} 32 \\ -\ 26 \\ \hline \end{array}$$

16)
$$\begin{array}{r} 73 \\ -\ 59 \\ \hline \end{array}$$

17)
$$\begin{array}{r} 76 \\ -\ 67 \\ \hline \end{array}$$

18)
$$\begin{array}{r} 69 \\ -\ 30 \\ \hline \end{array}$$

19)
$$\begin{array}{r} 40 \\ -\ 26 \\ \hline \end{array}$$

20)
$$\begin{array}{r} 24 \\ -\ 11 \\ \hline \end{array}$$

SUBTRACTION DOUBLE DIGITS

NAME__________________ DATE__________________

TIME__________________ SCORE__________________

1)
```
   8 3
-  7 4
-------
```

2)
```
   8 7
-  8 7
-------
```

3)
```
   8 2
-  5 9
-------
```

4)
```
   6 0
-  2 8
-------
```

5)
```
   5 5
-  4 6
-------
```

6)
```
   8 0
-  6 3
-------
```

7)
```
   7 3
-  5 6
-------
```

8)
```
   8 3
-  4 8
-------
```

9)
```
   9 9
-  4 0
-------
```

10)
```
   7 8
-  2 1
-------
```

11)
```
   7 3
-  1 1
-------
```

12)
```
   8 0
-  2 4
-------
```

13)
```
   5 5
-  1 7
-------
```

14)
```
   8 6
-  1 5
-------
```

15)
```
   7 5
-  2 4
-------
```

16)
```
   8 8
-  3 7
-------
```

17)
```
   8 0
-  2 8
-------
```

18)
```
   8 4
-  5 5
-------
```

19)
```
   8 8
-  8 0
-------
```

20)
```
   4 6
-  4 6
-------
```

SUBTRACTION — DOUBLE DIGITS

NAME________________ DATE________________

TIME________________ SCORE________________

1)
```
   9 3
 - 3 0
```

2)
```
   7 5
 - 2 5
```

3)
```
   9 7
 - 8 9
```

4)
```
   9 0
 - 8 4
```

5)
```
   9 9
 - 3 9
```

6)
```
   7 8
 - 2 7
```

7)
```
   8 2
 - 3 0
```

8)
```
   3 0
 - 1 6
```

9)
```
   8 7
 - 2 1
```

10)
```
   3 9
 - 2 4
```

11)
```
   8 6
 - 7 7
```

12)
```
   8 5
 - 3 8
```

13)
```
   5 6
 - 5 6
```

14)
```
   7 8
 - 7 8
```

15)
```
   3 1
 - 3 1
```

16)
```
   5 0
 - 2 9
```

17)
```
   9 9
 - 8 5
```

18)
```
   7 9
 - 7 5
```

19)
```
   7 1
 - 1 9
```

20)
```
   7 0
 - 5 2
```

SUBTRACTION **DOUBLE DIGITS**

NAME_________________ DATE_________________

TIME_________________ SCORE_________________

1)
```
   8 0
 -  4 4
```

2)
```
   6 0
 -  2 6
```

3)
```
   3 0
 -  1 8
```

4)
```
   9 5
 -  3 2
```

5)
```
   6 0
 -  2 7
```

6)
```
   6 3
 -  5 6
```

7)
```
   9 6
 -  8 0
```

8)
```
   7 3
 -  5 0
```

9)
```
   4 4
 -  4 3
```

10)
```
   5 8
 -  1 2
```

11)
```
   6 5
 -  2 3
```

12)
```
   5 6
 -  3 5
```

13)
```
   8 1
 -  7 6
```

14)
```
   8 9
 -  2 4
```

15)
```
   2 9
 -  2 6
```

16)
```
   7 9
 -  4 5
```

17)
```
   9 5
 -  4 6
```

18)
```
   5 2
 -  5 1
```

19)
```
   4 4
 -  3 2
```

20)
```
   9 8
 -  2 2
```

SUBTRACTION — MISSING NUMBER

NAME________________ DATE________________

TIME________________ SCORE________________

1)
```
   6 6
-
       9
```

2)
```
-  2 9
       7
```

3)
```
   6 7
-
     5 5
```

4)
```
-  1 3
   4 8
```

5)
```
   9 0
-
   3 9
```

6)
```
-  2 0
   7 0
```

7)
```
   9 1
-
     5 6
```

8)
```
-  1 5
   3 3
```

9)
```
   1 2
-
       2
```

10)
```
-  2 8
   1 9
```

11)
```
   7 7
-
     1 2
```

12)
```
-  1 3
   8 0
```

13)
```
   8 6
-
   1 5
```

14)
```
-  2 7
   5 1
```

15)
```
   8 5
-
   2 5
```

16)
```
-  8 0
   1 5
```

17)
```
   5 4
-
       5
```

18)
```
-  2 2
   5 2
```

19)
```
   6 6
-
     1 3
```

20)
```
-  1 1
   3 5
```

SUBTRACTION — MISSING NUMBER

NAME_________________ DATE_________________

TIME_________________ SCORE_________________

1)
```
   4 8
-
   2 2
```

2)
```
-  4 7
       4
```

3)
```
   8 4
-
   5 5
```

4)
```
-  9 7
       1
```

5)
```
   7 8
-
   5 1
```

6)
```
-  2 1
   5 9
```

7)
```
   8 2
-
   5 5
```

8)
```
-  3 7
   5 7
```

9)
```
   7 1
-
   3 1
```

10)
```
-  3 6
   3 5
```

11)
```
   9 7
-
   3 1
```

12)
```
-  1 5
   2 2
```

13)
```
   9 2
-
   2 4
```

14)
```
-  4 2
       1
```

15)
```
   5 1
-
   3 4
```

16)
```
-  3 6
   2 1
```

17)
```
   2 1
-
     7
```

18)
```
-  8 7
   1 0
```

19)
```
   7 5
-
   2 0
```

20)
```
-  7 6
   2 1
```

SUBTRACTION — MISSING NUMBER

NAME_______________________ DATE_______________________

TIME_______________________ SCORE_______________________

1)
```
    5 9
  -
    1 9
```

2)
```
  - 3 2
        3
```

3)
```
    8 6
  -
    1 7
```

4)
```
  - 4 7
    4 8
```

5)
```
    9 1
  -
    3 9
```

6)
```
  - 1 6
        6
```

7)
```
    7 4
  -
    2 9
```

8)
```
  - 3 2
    1 5
```

9)
```
    5 6
  -
    2 8
```

10)
```
  - 3 4
    3 7
```

11)
```
    3 4
  -
        5
```

12)
```
  - 1 0
    8 2
```

13)
```
    2 7
  -
        2
```

14)
```
  - 4 2
    3 6
```

15)
```
    6 8
  -
    2 4
```

16)
```
  - 2 2
    3 8
```

17)
```
    6 5
  -
    5 1
```

18)
```
  - 4 0
    4 2
```

19)
```
    9 9
  -
        6
```

20)
```
  - 3 0
    6 6
```

SUBTRACTION MISSING NUMBER

NAME_____________________ DATE_____________________

TIME_____________________ SCORE_____________________

1)
```
    8  5
-
    4  9
```

2)
```
-   7  7
    1  3
```

3)
```
    8  0
-
    3  0
```

4)
```
-   1  8
    4  0
```

5)
```
    6  4
-
    1  6
```

6)
```
-   3  3
    4  0
```

7)
```
    7  9
-
    1  3
```

8)
```
-   6  3
       8
```

9)
```
    4  1
-
    1  5
```

10)
```
-   5  4
    1  7
```

11)
```
    3  4
-
       8
```

12)
```
-   6  5
    2  1
```

13)
```
    3  7
-
    2  3
```

14)
```
-   2  2
    1  4
```

15)
```
    5  8
-
    1  9
```

16)
```
-   4  4
    1  9
```

17)
```
    5  9
-
    2  2
```

18)
```
-   2  6
       8
```

19)
```
    6  2
-
    3  3
```

20)
```
-   1  4
       5
```

SUBTRACTION — MISSING NUMBER

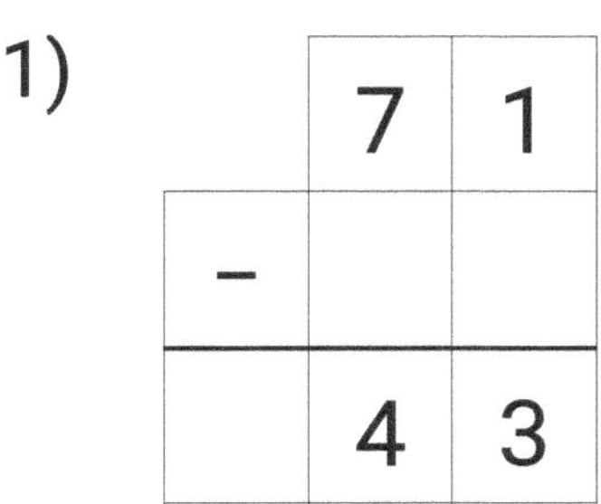

NAME__________________ DATE__________________

TIME__________________ SCORE__________________

1)
```
   7 1
-
   4 3
```

2)
```
-  2 9
   4 2
```

3)
```
   7 9
-
   4 7
```

4)
```
-  5 4
   2 3
```

5)
```
   9 6
-
   5 6
```

6)
```
-  3 4
   1 0
```

7)
```
   4 4
-
     1
```

8)
```
-  7 0
     8
```

9)
```
   4 4
-
   2 6
```

10)
```
-  9 3
     5
```

11)
```
   6 0
-
     3
```

12)
```
-  2 7
   6 5
```

13)
```
   9 0
-
   6 1
```

14)
```
-  3 4
   2 8
```

15)
```
   4 9
-
   3 3
```

16)
```
-  4 4
   4 0
```

17)
```
   8 4
-
   2 8
```

18)
```
-  2 6
   3 7
```

19)
```
   2 9
-
   1 6
```

20)
```
-  4 2
     8
```

SUBTRACTION
MISSING NUMBER

NAME_______________________ DATE_______________________

TIME_______________________ SCORE_______________________

1)
```
    8   0
-
    2   4
```

2)
```
-   1   8
        6
```

3)
```
    7   6
-
    5   3
```

4)
```
-   3   9
        7
```

5)
```
    6   7
-
    4   6
```

6)
```
-   1   3
    1   3
```

7)
```
    2   4
-
        1
```

8)
```
-   2   7
    2   2
```

9)
```
    7   5
-
    6   2
```

10)
```
-   4   7
    3   5
```

11)
```
    5   3
-
    4   3
```

12)
```
-   4   4
        0
```

13)
```
    9   3
-
    3   1
```

14)
```
-   6   1
    3   2
```

15)
```
    9   4
-
    2   3
```

16)
```
-   6   2
    1   1
```

17)
```
    7   5
-
        4
```

18)
```
-   3   7
        9
```

19)
```
    6   0
-
    1   2
```

20)
```
-   4   8
    1   3
```

SUBTRACTION — MISSING NUMBER

NAME__________________   DATE__________________

TIME__________________   SCORE__________________

1)
```
   4 5
-  _ _
   1 2
```

2)
```
   _ _
-  7 0
   2 4
```

3)
```
   9 4
-  _ _
   _ 1
```

4)
```
   _ _
-  8 3
   1 1
```

5)
```
   5 0
-  _ _
   2 9
```

6)
```
   _ _
-  5 2
   1 5
```

7)
```
   9 0
-  _ _
   3 3
```

8)
```
   _ _
-  6 5
   2 6
```

9)
```
   8 4
-  _ _
   4 4
```

10)
```
   _ _
-  2 3
   1 1
```

11)
```
   8 7
-  _ _
   5 2
```

12)
```
   _ _
-  4 9
   _ 4
```

13)
```
   5 0
-  _ _
   _ 7
```

14)
```
   _ _
-  3 6
   4 7
```

15)
```
   8 3
-  _ _
   5 5
```

16)
```
   _ _
-  3 4
   6 5
```

17)
```
   6 1
-  _ _
   1 8
```

18)
```
   _ _
-  3 2
   1 7
```

19)
```
   4 1
-  _ _
   1 7
```

20)
```
   _ _
-  2 4
   1 4
```

SUBTRACTION — MISSING NUMBER

NAME__________________ DATE__________________

TIME__________________ SCORE__________________

1)
```
    7 7
-
    1 1
```

2)
```
-   5 4
    3 5
```

3)
```
    7 1
-
    4 7
```

4)
```
-   1 1
    7 9
```

5)
```
    7 3
-
    2 0
```

6)
```
-   3 1
    1 9
```

7)
```
    7 6
-
    4 5
```

8)
```
-   7 4
      0
```

9)
```
    8 7
-
    1 2
```

10)
```
-   6 3
      9
```

11)
```
    8 3
-
    6 1
```

12)
```
-   1 6
    2 9
```

13)
```
    7 7
-
    5 3
```

14)
```
-   3 4
    4 6
```

15)
```
    7 7
-
    2 3
```

16)
```
-   2 6
    1 4
```

17)
```
    4 3
-
    1 8
```

18)
```
-   4 0
    1 0
```

19)
```
    9 3
-
    8 3
```

20)
```
-   1 2
    7 5
```

SUBTRACTION — MISSING NUMBER

NAME_____________________ DATE_____________________

TIME_____________________ SCORE_____________________

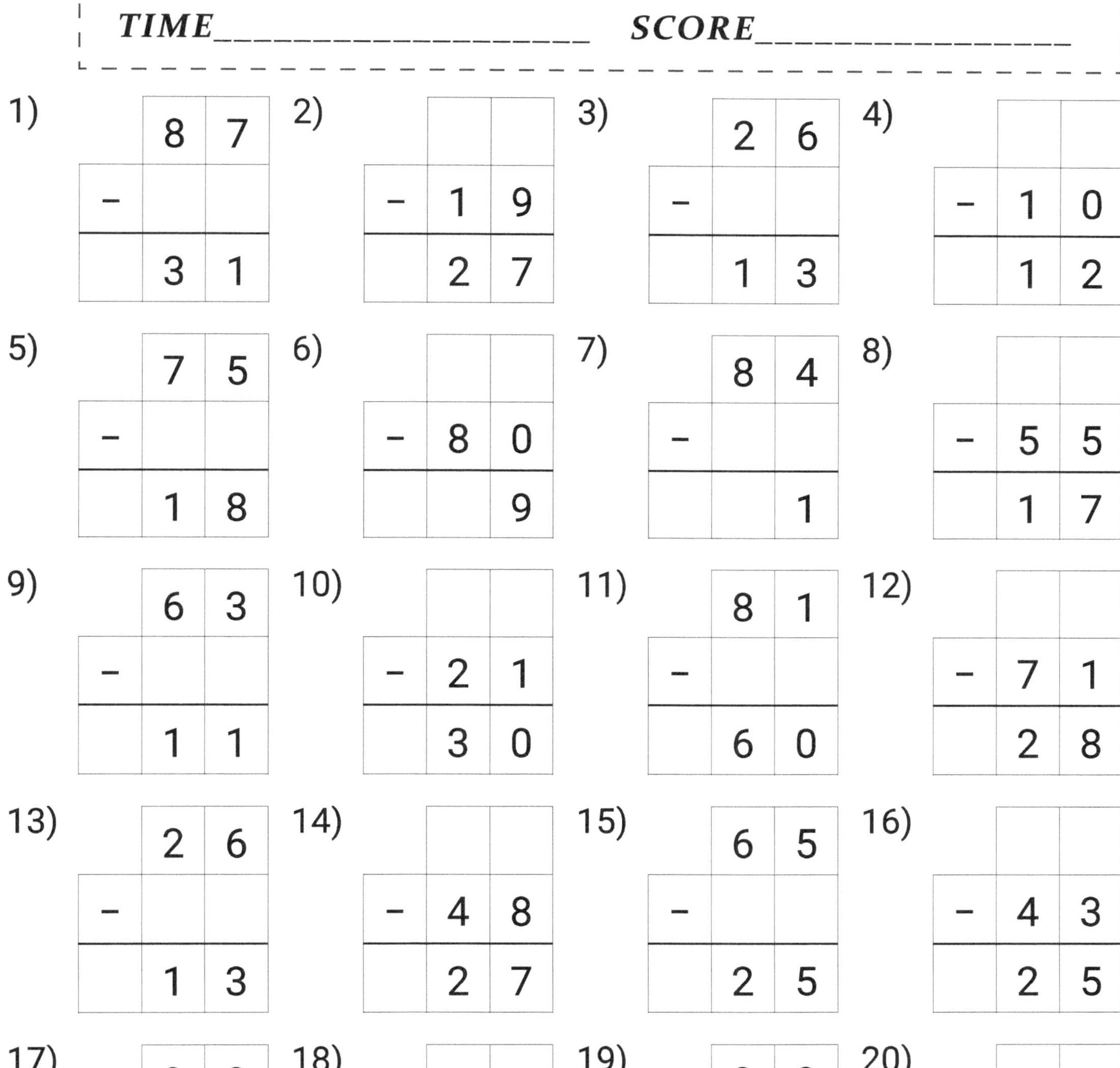

1)
```
   8  7
-
   3  1
```

2)
```
-  1  9
   2  7
```

3)
```
   2  6
-
   1  3
```

4)
```
-  1  0
   1  2
```

5)
```
   7  5
-
   1  8
```

6)
```
-  8  0
      9
```

7)
```
   8  4
-
      1
```

8)
```
-  5  5
   1  7
```

9)
```
   6  3
-
   1  1
```

10)
```
-  2  1
   3  0
```

11)
```
   8  1
-
   6  0
```

12)
```
-  7  1
   2  8
```

13)
```
   2  6
-
   1  3
```

14)
```
-  4  8
   2  7
```

15)
```
   6  5
-
   2  5
```

16)
```
-  4  3
   2  5
```

17)
```
   9  3
-
   6  3
```

18)
```
-  5  6
   4  1
```

19)
```
   9  9
-
   6  2
```

20)
```
-  3  7
      3
```

SUBTRACTION

MISSING NUMBER

NAME_________________ DATE_________________

TIME_________________ SCORE_________________

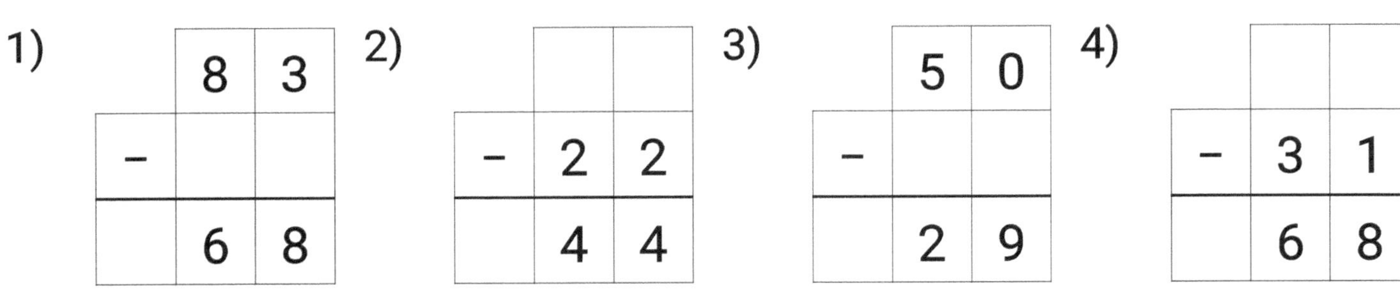

1)
	8	3
−		
	6	8

2)
−	2	2
	4	4

3)
	5	0
−		
	2	9

4)
−	3	1
	6	8

5)
	7	9
−		
	5	3

6)
−	5	5
	2	2

7)
	5	7
−		
	3	5

8)
−	3	9
		6

9)
	5	8
−		
		1

10)
−	3	4
	3	7

11)
	5	1
−		
	1	5

12)
−	6	0
	2	3

13)
	8	6
−		
	4	3

14)
−	1	5
	6	3

15)
	9	6
−		
	8	1

16)
−	7	9
	1	0

17)
	7	1
−		
	5	4

18)
−	1	3
	3	8

19)
	9	7
−		
	4	9

20)
−	2	7
		6

SUBTRACTION — TRIPLE DIGITS

*NAME*_________________ *DATE*_________________

*TIME*_________________ *SCORE*_________________

1)
```
   9 3 6
 - 1 7 1
 -------
```

2)
```
   8 9 2
 - 1 0 9
 -------
```

3)
```
   5 0 1
 - 2 7 0
 -------
```

4)
```
   9 6 4
 - 6 0 5
 -------
```

5)
```
   3 3 5
 - 2 0 0
 -------
```

6)
```
   6 0 0
 - 2 9 8
 -------
```

7)
```
   7 5 6
 - 5 5 3
 -------
```

8)
```
   8 2 6
 - 6 2 6
 -------
```

9)
```
   7 3 8
 - 5 7 7
 -------
```

10)
```
   4 7 3
 - 2 8 9
 -------
```

11)
```
   3 8 6
 - 1 5 7
 -------
```

12)
```
   1 9 0
 - 1 3 0
 -------
```

13)
```
   6 6 2
 - 2 0 4
 -------
```

14)
```
   3 5 8
 - 2 9 8
 -------
```

15)
```
   7 4 8
 - 3 7 6
 -------
```

SUBTRACTION — TRIPLE DIGITS

NAME________________   DATE________________

TIME________________   SCORE________________

1)
```
    9  8  3
-   8  6  0
___________
```

2)
```
    9  0  4
-   6  5  4
___________
```

3)
```
    8  2  9
-   2  2  9
___________
```

4)
```
    7  3  1
-   3  1  5
___________
```

5)
```
    6  7  6
-   4  7  0
___________
```

6)
```
    5  6  3
-   3  0  9
___________
```

7)
```
    3  3  8
-   1  4  4
___________
```

8)
```
    5  7  4
-   2  4  6
___________
```

9)
```
    6  9  3
-   2  2  9
___________
```

10)
```
    3  5  3
-   2  2  8
___________
```

11)
```
    7  2  0
-   3  4  9
___________
```

12)
```
    8  0  8
-   3  0  3
___________
```

13)
```
    7  2  7
-   2  6  5
___________
```

14)
```
    9  8  2
-   8  4  7
___________
```

15)
```
    7  7  8
-   6  8  4
___________
```

SUBTRACTION **TRIPLE DIGITS**

NAME_____________________ DATE_____________________

TIME_____________________ SCORE_____________________

1)
```
    3  9  7
 -  2  4  6
___________
```

2)
```
    4  5  3
 -  2  1  5
___________
```

3)
```
    5  7  6
 -  3  6  9
___________
```

4)
```
    4  2  1
 -  2  3  0
___________
```

5)
```
    3  4  1
 -  1  6  9
___________
```

6)
```
    7  3  8
 -  5  7  5
___________
```

7)
```
    7  9  5
 -  1  2  0
___________
```

8)
```
    6  3  3
 -  3  4  3
___________
```

9)
```
    5  7  7
 -  3  0  5
___________
```

10)
```
    8  0  5
 -  7  0  9
___________
```

11)
```
    5  8  0
 -  2  0  7
___________
```

12)
```
    4  3  6
 -  2  9  8
___________
```

13)
```
    5  2  6
 -  1  8  0
___________
```

14)
```
    2  3  8
 -  1  4  7
___________
```

15)
```
    8  2  0
 -  4  1  6
___________
```

NAME________________________ DATE________________

TIME________________________ SCORE________________

1)
```
    7 1 7
  - 1 2 1
  -------
```

2)
```
    4 5 8
  - 1 8 3
  -------
```

3)
```
    6 6 4
  - 6 5 7
  -------
```

4)
```
    6 4 7
  - 3 4 4
  -------
```

5)
```
    9 3 3
  - 1 6 3
  -------
```

6)
```
    5 2 2
  - 2 7 5
  -------
```

7)
```
    7 6 6
  - 3 8 4
  -------
```

8)
```
    7 2 7
  - 3 0 9
  -------
```

9)
```
    8 0 9
  - 2 6 9
  -------
```

10)
```
    2 4 6
  - 1 1 4
  -------
```

11)
```
    5 5 5
  - 2 1 9
  -------
```

12)
```
    7 2 0
  - 2 6 2
  -------
```

13)
```
    8 5 9
  - 4 1 6
  -------
```

14)
```
    7 5 1
  - 3 3 1
  -------
```

15)
```
    6 2 8
  - 4 0 1
  -------
```

SUBTRACTION TRIPLE DIGITS

NAME__________________ DATE__________________

TIME__________________ SCORE__________________

1)
```
   2 1 1
 - 1 8 2
```

2)
```
   8 9 7
 - 1 7 3
```

3)
```
   9 5 0
 - 9 3 8
```

4)
```
   6 5 8
 - 4 9 1
```

5)
```
   5 3 7
 - 4 8 1
```

6)
```
   8 2 2
 - 3 1 2
```

7)
```
   9 1 3
 - 6 4 8
```

8)
```
   8 1 5
 - 1 8 4
```

9)
```
   5 9 6
 - 4 5 0
```

10)
```
   4 8 6
 - 4 8 5
```

11)
```
   1 8 4
 - 1 1 1
```

12)
```
   7 1 7
 - 2 4 6
```

13)
```
   8 0 2
 - 3 1 7
```

14)
```
   9 4 3
 - 6 5 3
```

15)
```
   5 7 2
 - 4 0 9
```

SUBTRACTION

TRIPLE DIGITS

NAME_________________________ DATE_________________________

TIME_________________________ SCORE_________________________

1)
```
  7 8 8
- 2 1 9
```

2)
```
  6 1 3
- 5 8 0
```

3)
```
  6 1 4
- 5 5 3
```

4)
```
  8 2 0
- 2 0 8
```

5)
```
  9 6 1
- 7 3 3
```

6)
```
  5 7 2
- 2 9 3
```

7)
```
  7 1 5
- 6 9 5
```

8)
```
  4 3 5
- 2 1 9
```

9)
```
  9 9 1
- 4 9 5
```

10)
```
  9 6 9
- 7 7 3
```

11)
```
  8 8 4
- 2 0 6
```

12)
```
  7 7 7
- 7 6 2
```

13)
```
  6 6 9
- 6 5 3
```

14)
```
  5 4 0
- 4 3 4
```

15)
```
  5 6 3
- 1 6 6
```

SUBTRACTION

TRIPLE DIGITS

NAME_______________________ DATE_______________________

TIME_______________________ SCORE_______________________

1)
```
    6  1  6
-   2  5  6
___________
```

2)
```
    9  8  2
-   1  4  9
___________
```

3)
```
    8  7  0
-   7  9  9
___________
```

4)
```
    2  8  0
-   1  5  1
___________
```

5)
```
    5  1  4
-   1  1  3
___________
```

6)
```
    3  9  9
-   2  0  3
___________
```

7)
```
    9  4  9
-   4  3  2
___________
```

8)
```
    8  7  9
-   5  0  2
___________
```

9)
```
    9  1  0
-   1  4  8
___________
```

10)
```
    1  6  7
-   1  3  0
___________
```

11)
```
    9  3  3
-   5  7  0
___________
```

12)
```
    5  1  5
-   4  9  2
___________
```

13)
```
    5  7  9
-   4  8  1
___________
```

14)
```
    7  2  6
-   4  1  9
___________
```

15)
```
    7  8  9
-   5  0  3
___________
```

SUBTRACTION — TRIPLE DIGITS

NAME_________________________ DATE_________________________

TIME_________________________ SCORE________________________

1)
	7	3	0
−	4	1	0

2)
	5	0	8
−	2	1	3

3)
	9	9	8
−	4	7	2

4)
	7	8	8
−	1	8	7

5)
	9	1	5
−	1	8	6

6)
	7	2	1
−	6	6	1

7)
	1	6	4
−	1	0	4

8)
	8	1	5
−	6	1	9

9)
	6	4	3
−	2	2	7

10)
	8	0	4
−	7	6	1

11)
	8	0	0
−	2	6	4

12)
	9	2	5
−	3	2	4

13)
	8	6	2
−	2	2	3

14)
	8	4	4
−	4	9	1

15)
	9	3	0
−	6	9	5

*NAME*________________   *DATE*________________

*TIME*________________   *SCORE*________________

1)
```
   8 7 1
 - 6 0 2
```

2)
```
   6 9 2
 - 2 3 9
```

3)
```
   9 2 5
 - 4 1 4
```

4)
```
   3 9 7
 - 3 7 7
```

5)
```
   9 5 1
 - 3 4 0
```

6)
```
   4 9 9
 - 3 6 3
```

7)
```
   7 3 3
 - 6 7 3
```

8)
```
   9 5 1
 - 2 1 8
```

9)
```
   8 4 9
 - 6 6 2
```

10)
```
   9 8 4
 - 3 6 2
```

11)
```
   9 9 9
 - 1 1 6
```

12)
```
   9 8 6
 - 1 0 5
```

13)
```
   4 8 8
 - 1 3 0
```

14)
```
   7 2 3
 - 4 3 3
```

15)
```
   5 3 2
 - 2 2 8
```

SUBTRACTION — TRIPLE DIGITS

NAME_________________ DATE_________________

TIME_________________ SCORE_________________

1)
```
   4 7 0
 - 3 1 0
```

2)
```
   8 0 5
 - 2 1 3
```

3)
```
   3 2 8
 - 2 9 0
```

4)
```
   7 7 2
 - 2 0 5
```

5)
```
   9 8 6
 - 6 2 6
```

6)
```
   9 7 1
 - 2 5 7
```

7)
```
   7 6 7
 - 1 9 0
```

8)
```
   9 6 6
 - 1 3 3
```

9)
```
   4 0 1
 - 2 7 2
```

10)
```
   7 6 2
 - 6 8 0
```

11)
```
   7 4 8
 - 6 1 3
```

12)
```
   9 1 5
 - 8 6 1
```

13)
```
   8 6 0
 - 5 7 7
```

14)
```
   9 6 6
 - 8 2 3
```

15)
```
   2 6 8
 - 2 3 8
```

MISSING NUMBER

NAME_____________________ DATE_____________________

TIME_____________________ SCORE_____________________

1)
	5	4	3
-			
	3	4	3

2)
-	7	5	2
		1	3

3)
	8	2	1
-			
	2	7	6

4)
-	7	2	5
		4	7

5)
	3	4	2
-			
		6	7

6)
-	6	5	0
	1	1	6

7)
	8	9	2
-			
	7	0	2

8)
-	1	7	0
	5	3	6

9)
	9	9	0
-			
	1	3	7

10)
-	1	3	8
	1	5	0

11)
	9	6	0
-			
	6	1	8

12)
-	4	8	2
	4	2	8

13)
	8	0	7
-			
	5	2	6

14)
-	2	6	3
		4	8

15)
	9	6	8
-			
	3	2	9

SUBTRACTION MISSING NUMBER

NAME_____________________   DATE_____________________

TIME_____________________   SCORE_____________________

1)
```
    7  3  8
-
    2  2  7
```

2)
```
-   1  9  1
    6  5  8
```

3)
```
    8  5  5
-
       2  9
```

4)
```
-   2  5  1
    3  0  3
```

5)
```
    7  7  3
-
    3  0  5
```

6)
```
-   4  5  9
       4  7
```

7)
```
    5  5  9
-
    2  6  8
```

8)
```
-   2  6  3
    5  1  2
```

9)
```
    7  4  9
-
    3  4  5
```

10)
```
-   6  2  7
    3  1  4
```

11)
```
    8  2  0
-
    2  9  1
```

12)
```
-   9  5  7
       3  1
```

13)
```
    7  3  5
-
    5  4  3
```

14)
```
-   4  3  7
    5  2  8
```

15)
```
    7  9  9
-
    4  2  2
```

SUBTRACTION — MISSING NUMBER

NAME_________________   DATE_________________

TIME_________________   SCORE_________________

1)
```
    5  9  9
 -
    3  6  9
```

2)
```
 -  3  9  8
    2  2  7
```

3)
```
    5  2  3
 -
    1  6  0
```

4)
```
 -  2  0  8
    3  4  8
```

5)
```
    6  1  3
 -
          3  2
```

6)
```
 -  1  7  2
    3  6  9
```

7)
```
    9  5  5
 -
    1  0  5
```

8)
```
 -  6  0  0
    3  4  7
```

9)
```
    6  4  4
 -
    3  5  4
```

10)
```
 -  3  4  3
    3  6  0
```

11)
```
    8  4  0
 -
    4  8  1
```

12)
```
 -  3  0  5
    3  1  4
```

13)
```
    8  3  1
 -
    4  8  5
```

14)
```
 -  5  2  7
    4  0  6
```

15)
```
    9  3  3
 -
    4  0  2
```

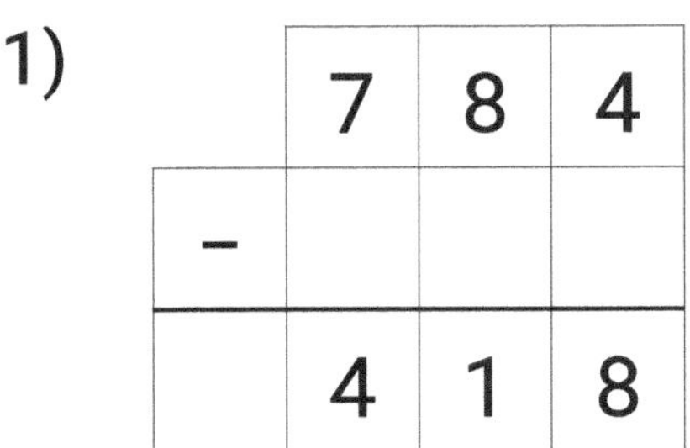

1)
```
    7  8  4
 -
    4  1  8
```

2)
```
 -  6  0  3
    3  7  5
```

3)
```
    6  0  6
 -
    2  5  3
```

4)
```
 -  7  4  6
       2  4
```

5)
```
    7  8  3
 -
    1  5  4
```

6)
```
 -  3  6  6
    3  7  7
```

7)
```
    9  2  3
 -
    7  4  0
```

8)
```
 -  1  6  6
    6  5  8
```

9)
```
    9  1  7
 -
    1  7  4
```

10)
```
 -  3  9  5
    3  3  1
```

11)
```
    8  1  9
 -
    1  4  5
```

12)
```
 -  8  8  5
          5  5
```

13)
```
    7  2  4
 -
    4  9  0
```

14)
```
 -  4  3  7
    1  5  7
```

15)
```
    9  9  1
 -
    6  2  5
```

SUBTRACTION — MISSING NUMBER

NAME_______________________   DATE_______________________

TIME_______________________   SCORE_______________________

1)
```
    9  4  5
-
   ___________
       3  5  0
```

2)
```
-   2  1  5
   ___________
    1  5  0
```

3)
```
    6  6  4
-
   ___________
          4  0
```

4)
```
-   1  1  5
   ___________
    2  8  7
```

5)
```
    6  2  5
-
   ___________
    1  0  4
```

6)
```
-   1  3  6
   ___________
    2  7  4
```

7)
```
    6  3  8
-
   ___________
          1
```

8)
```
-   2  2  2
   ___________
    7  3  9
```

9)
```
    8  7  1
-
   ___________
       1  7
```

10)
```
-   2  7  0
   ___________
       4  0
```

11)
```
    8  6  4
-
   ___________
       6  9
```

12)
```
-   7  7  3
   ___________
    1  6  2
```

13)
```
    7  5  4
-
   ___________
       5  3
```

14)
```
-   2  0  9
   ___________
    7  1  2
```

15)
```
    8  2  8
-
   ___________
    1  3  9
```

SUBTRACTION — MISSING NUMBER

NAME____________________ DATE____________________

TIME____________________ SCORE____________________

1)
```
    5  6  1
 -  _  _  _
    3  0  8
```

2)
```
    _  _  _
 -  6  2  8
    1  9  4
```

3)
```
    4  4  1
 -  _  _  _
       5  2
```

4)
```
    _  _  _
 -  4  0  5
    4  2  2
```

5)
```
    4  7  5
 -  _  _  _
    2  6  5
```

6)
```
    _  _  _
 -  3  7  3
    4  1  8
```

7)
```
    6  6  6
 -  _  _  _
    1  1  6
```

8)
```
    _  _  _
 -  2  2  1
    1  2  1
```

9)
```
    9  0  7
 -  _  _  _
    6  2  8
```

10)
```
    _  _  _
 -  3  3  2
    2  4  1
```

11)
```
    8  4  1
 -  _  _  _
    6  7  4
```

12)
```
    _  _  _
 -  2  4  7
    4  2  2
```

13)
```
    6  5  4
 -  _  _  _
    1  5  4
```

14)
```
    _  _  _
 -  6  3  9
    2  0  6
```

15)
```
    9  1  9
 -  _  _  _
    4  4  8
```

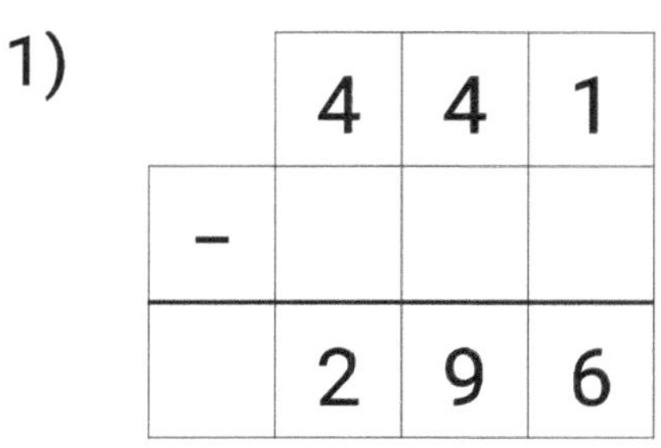

1)
```
    4 4 1
  -
    2 9 6
```

2)
```
  - 1 4 4
    7 8 1
```

3)
```
    6 7 7
  -
    3 0 2
```

4)
```
  - 2 9 1
    2 7 9
```

5)
```
    4 7 8
  -
      3 8
```

6)
```
  - 4 1 2
    3 2 3
```

7)
```
    5 9 4
  -
    4 4 9
```

8)
```
  - 2 9 2
    4 1 0
```

9)
```
    5 2 4
  -
    1 4 0
```

10)
```
  - 2 8 4
    2 5 9
```

11)
```
    4 7 3
  -
    3 5 7
```

12)
```
  - 2 4 7
    1 4 8
```

13)
```
    9 9 6
  -
    8 7 6
```

14)
```
  - 5 3 6
    2 2 2
```

15)
```
    8 2 1
  -
      9 8
```

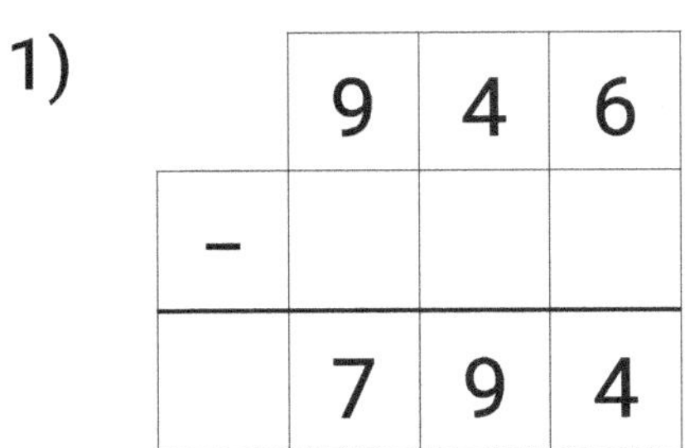

SUBTRACTION — MISSING NUMBER

NAME______________________ DATE______________________

TIME______________________ SCORE______________________

1)
```
    9  4  6
-
    7  9  4
```

2)
```
-   2  5  9
    7  0  6
```

3)
```
    7  9  7
-
    5  2  5
```

4)
```
-   2  9  6
    6  9  7
```

5)
```
    1  9  5
-
       6  8
```

6)
```
-   5  1  9
       6  1
```

7)
```
    7  2  3
-
    3  6  2
```

8)
```
-   6  3  2
    1  3  2
```

9)
```
    6  5  2
-
    4  0  6
```

10)
```
-   6  6  2
    2  5  0
```

11)
```
    5  5  8
-
    3  8  1
```

12)
```
-   5  0  2
    3  2  2
```

13)
```
    4  6  7
-
       7  4
```

14)
```
-   3  9  5
    5  3  9
```

15)
```
    7  6  2
-
       4  5
```

SUBTRACTION
MISSING NUMBER

NAME__________________ DATE__________________

TIME__________________ SCORE__________________

1)
```
    8  9  1
-   _  _  _
    6  3  8
```

2)
```
-   7  7  0
    1  2  1
```

3)
```
    9  4  3
-   _  _  _
    1  1  8
```

4)
```
-   9  1  3
       4  0
```

5)
```
    8  4  5
-   _  _  _
    5  3  2
```

6)
```
-   3  7  5
    3  6  5
```

7)
```
    9  2  5
-   _  _  _
    4  8  8
```

8)
```
-   5  1  6
    3  2  4
```

9)
```
    9  9  0
-   _  _  _
    4  7  4
```

10)
```
-   4  1  7
    2  7  1
```

11)
```
    9  1  6
-   _  _  _
    2  7  9
```

12)
```
-   1  3  8
    2  7  2
```

13)
```
    9  5  3
-   _  _  _
    2  2  6
```

14)
```
-   3  6  2
    4  3  1
```

15)
```
    5  4  0
-   _  _  _
    3  5  2
```

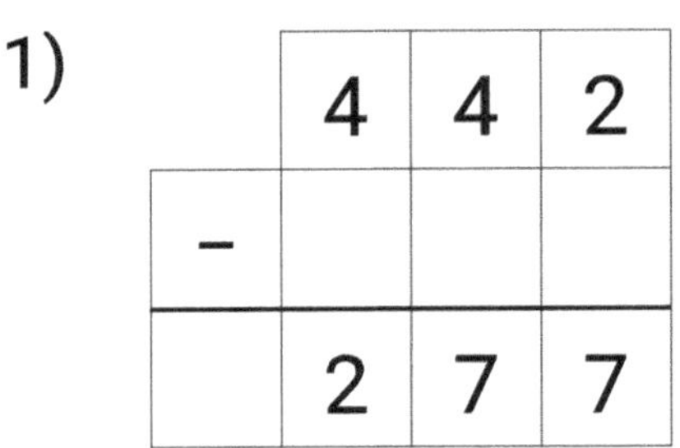

1)

	4	4	2
−			
	2	7	7

2)

−	2	2	3
	4	8	1

3)

	5	3	2
−			
		9	7

4)

−	6	4	4
		6	7

5)

	8	8	8
−			
	4	6	1

6)

−	7	3	7
	2	0	3

7)

	6	8	9
−			
		8	4

8)

−	5	9	4
	1	8	8

9)

	9	1	0
−			
	6	0	3

10)

−	5	5	6
		5	9

11)

	8	4	0
−			
	2	3	5

12)

−	1	4	4
	2	4	2

13)

	7	8	8
−			
	4	8	2

14)

−	1	8	4
	1	4	9

15)

	8	0	2
−			
	6	8	6

START
SOLUTIONS

Page 1

(1)12 (2)10 (3)9 (4)15 (5)8 (6)9 (7)9 (8)7
(9)14 (10)10 (11)8 (12)5 (13)8 (14)12
(15)12 (16)9 (17)5 (18)9 (19)8 (20)15
(21)3 (22)14 (23)5 (24)10 (25)13

Page 2

(1)12 (2)10 (3)17 (4)6 (5)10 (6)17 (7)16
(8)4 (9)10 (10)7 (11)8 (12)6 (13)8 (14)8
(15)9 (16)3 (17)4 (18)9 (19)14 (20)9
(21)18 (22)8 (23)14 (24)11 (25)7

Page 3

(1)11 (2)16 (3)2 (4)17 (5)11 (6)8 (7)5 (8)11
(9)15 (10)8 (11)5 (12)12 (13)5 (14)16
(15)2 (16)12 (17)14 (18)8 (19)9 (20)9
(21)18 (22)14 (23)13 (24)6 (25)9

Page 4

(1)13 (2)11 (3)12 (4)15 (5)9 (6)16 (7)9
(8)15 (9)12 (10)13 (11)5 (12)18 (13)5
(14)12 (15)10 (16)10 (17)8 (18)13 (19)3
(20)14 (21)5 (22)10 (23)13 (24)4 (25)6

Page 5

(1)8 (2)7 (3)8 (4)13 (5)16 (6)14 (7)7 (8)8
(9)4 (10)13 (11)12 (12)8 (13)12 (14)10
(15)9 (16)13 (17)10 (18)11 (19)9 (20)10
(21)9 (22)9 (23)2 (24)13 (25)9

Page 6

(1)2 (2)9 (3)6 (4)1 (5)6 (6)1 (7)6 (8)5 (9)1
(10)6 (11)4 (12)4 (13)3 (14)7 (15)9 (16)6
(17)1 (18)2 (19)1 (20)5 (21)2 (22)9 (23)6
(24)9 (25)5

Page 7

(1)7 (2)3 (3)9 (4)5 (5)5 (6)6 (7)8 (8)2 (9)7
(10)2 (11)7 (12)9 (13)8 (14)1 (15)2 (16)7
(17)6 (18)3 (19)9 (20)7 (21)5 (22)6 (23)7
(24)3 (25)4

Page 8

(1)6 (2)6 (3)2 (4)6 (5)5 (6)7 (7)1 (8)8 (9)6
(10)1 (11)6 (12)4 (13)1 (14)7 (15)8 (16)5
(17)4 (18)2 (19)6 (20)2 (21)6 (22)2 (23)7
(24)5 (25)2

Page 9

(1)7 (2)4 (3)8 (4)7 (5)5 (6)1 (7)7 (8)8 (9)8
(10)3 (11)9 (12)3 (13)6 (14)8 (15)5 (16)4
(17)6 (18)3 (19)8 (20)1 (21)2 (22)7 (23)3
(24)8 (25)8

Page 10

(1)10 (2)3 (3)4 (4)10 (5)1 (6)1 (7)16 (8)6
(9)8 (10)4 (11)6 (12)7 (13)13 (14)8 (15)5
(16)10 (17)7 (18)9 (19)10 (20)3 (21)9
(22)13 (23)1 (24)3 (25)11

Page 11
(1)97 (2)86 (3)50 (4)114 (5)118 (6)113
(7)112 (8)70 (9)86 (10)59 (11)86 (12)113
(13)62 (14)116 (15)42 (16)125 (17)47
(18)93 (19)96 (20)59

Page 12
(1)125 (2)159 (3)104 (4)54 (5)134 (6)168
(7)100 (8)159 (9)126 (10)27 (11)108
(12)144 (13)93 (14)35 (15)140 (16)108
(17)133 (18)112 (19)73 (20)164

Page 13
(1)143 (2)115 (3)39 (4)114 (5)96 (6)125
(7)56 (8)89 (9)72 (10)75 (11)74 (12)78
(13)97 (14)162 (15)152 (16)98 (17)109
(18)155 (19)60 (20)76

Page 14
(1)53 (2)53 (3)53 (4)103 (5)37 (6)66 (7)90
(8)125 (9)118 (10)119 (11)108 (12)165
(13)111 (14)98 (15)85 (16)52 (17)48
(18)102 (19)69 (20)39

Page 15
(1)134 (2)111 (3)116 (4)168 (5)48 (6)102
(7)114 (8)166 (9)95 (10)47 (11)46 (12)60
(13)171 (14)80 (15)126 (16)95 (17)127
(18)114 (19)125 (20)150

Page 16
(1)90 (2)102 (3)125 (4)138 (5)156 (6)75
(7)177 (8)89 (9)141 (10)154 (11)163
(12)73 (13)48 (14)48 (15)118 (16)129
(17)160 (18)151 (19)113 (20)152

Page 17
(1)145 (2)79 (3)38 (4)41 (5)127 (6)63
(7)36 (8)168 (9)74 (10)42 (11)147 (12)123
(13)81 (14)96 (15)118 (16)83 (17)75
(18)119 (19)147 (20)120

Page 18
(1)75 (2)133 (3)71 (4)32 (5)45 (6)67 (7)80
(8)149 (9)35 (10)72 (11)159 (12)140
(13)85 (14)119 (15)130 (16)182 (17)123
(18)146 (19)98 (20)142

Page 19
(1)122 (2)131 (3)104 (4)158 (5)93 (6)105
(7)138 (8)127 (9)75 (10)148 (11)127
(12)129 (13)87 (14)166 (15)158 (16)95
(17)122 (18)107 (19)72 (20)48

Page 20
(1)168 (2)113 (3)122 (4)59 (5)89 (6)118
(7)131 (8)117 (9)113 (10)133 (11)94
(12)90 (13)136 (14)100 (15)105 (16)161
(17)108 (18)99 (19)117 (20)152

Page 21
(1)65 (2)22 (3)84 (4)17 (5)41 (6)33 (7)66 (8)35 (9)63 (10)62 (11)78 (12)15 (13)78 (14)62 (15)54 (16)22 (17)97 (18)31 (19)31 (20)72

Page 22
(1)67 (2)86 (3)25 (4)65 (5)20 (6)67 (7)32 (8)20 (9)42 (10)61 (11)40 (12)26 (13)33 (14)44 (15)66 (16)83 (17)76 (18)63 (19)68 (20)93

Page 23
(1)38 (2)81 (3)62 (4)103 (5)84 (6)14 (7)62 (8)28 (9)19 (10)76 (11)49 (12)45 (13)92 (14)35 (15)30 (16)61 (17)101 (18)124 (19)147 (20)122

Page 24
(1)59 (2)48 (3)28 (4)72 (5)68 (6)85 (7)93 (8)64 (9)65 (10)56 (11)72 (12)23 (13)90 (14)73 (15)46 (16)99 (17)62 (18)13 (19)65 (20)47

Page 25
(1)43 (2)89 (3)16 (4)83 (5)99 (6)92 (7)39 (8)39 (9)20 (10)86 (11)51 (12)28 (13)86 (14)66 (15)94 (16)36 (17)99 (18)84 (19)45 (20)42

Page 26
(1)90 (2)91 (3)89 (4)89 (5)11 (6)15 (7)97 (8)79 (9)12 (10)30 (11)53 (12)33 (13)41 (14)92 (15)94 (16)52 (17)73 (18)49 (19)14 (20)66

Page 27
(1)98 (2)19 (3)99 (4)38 (5)61 (6)89 (7)73 (8)23 (9)89 (10)86 (11)23 (12)53 (13)70 (14)50 (15)81 (16)89 (17)38 (18)42 (19)36 (20)96

Page 28
(1)80 (2)52 (3)77 (4)66 (5)66 (6)11 (7)67 (8)45 (9)55 (10)20 (11)14 (12)93 (13)20 (14)84 (15)61 (16)97 (17)79 (18)35 (19)70 (20)16

Page 29
(1)70 (2)36 (3)60 (4)69 (5)60 (6)65 (7)76 (8)85 (9)57 (10)70 (11)16 (12)72 (13)98 (14)62 (15)69 (16)86 (17)72 (18)66 (19)45 (20)96

Page 30
(1)82 (2)40 (3)112 (4)77 (5)81 (6)162 (7)41 (8)17 (9)193 (10)56 (11)48 (12)85 (13)84 (14)22 (15)71 (16)23 (17)66 (18)91 (19)28 (20)24

Page 31
(1)1186 (2)916 (3)1766 (4)604 (5)1831
(6)1285 (7)716 (8)1246 (9)538 (10)472
(11)893 (12)669 (13)600 (14)1447 (15)900

Page 32
(1)450 (2)791 (3)1750 (4)633 (5)1194
(6)1190 (7)874 (8)710 (9)1470 (10)936
(11)1443 (12)1313 (13)950 (14)504
(15)1147

Page 33
(1)1603 (2)826 (3)1731 (4)779 (5)1675
(6)1577 (7)1552 (8)1056 (9)1402 (10)933
(11)1546 (12)1059 (13)1273 (14)1509
(15)1029

Page 34
(1)875 (2)850 (3)1011 (4)1334 (5)1008
(6)1630 (7)931 (8)1014 (9)1228 (10)991
(11)1787 (12)1432 (13)892 (14)1536
(15)1535

Page 35
(1)1207 (2)901 (3)678 (4)975 (5)493
(6)941 (7)642 (8)1319 (9)985 (10)1075
(11)1085 (12)1432 (13)834 (14)1184
(15)1175

Page 36
(1)1110 (2)983 (3)1337 (4)687 (5)1266
(6)896 (7)1052 (8)871 (9)1241 (10)652
(11)719 (12)1318 (13)1345 (14)544
(15)1637

Page 37
(1)838 (2)1659 (3)552 (4)1704 (5)1139
(6)1187 (7)1032 (8)951 (9)1092 (10)1336
(11)818 (12)763 (13)853 (14)355 (15)694

Page 38
(1)1709 (2)963 (3)1162 (4)919 (5)664
(6)755 (7)657 (8)1468 (9)1009 (10)1173
(11)1246 (12)1189 (13)758 (14)1126
(15)1208

Page 39
(1)1600 (2)1831 (3)1670 (4)1468 (5)410
(6)973 (7)548 (8)1155 (9)386 (10)1215
(11)1584 (12)816 (13)947 (14)677
(15)1255

Page 40
(1)1642 (2)1619 (3)1037 (4)1004 (5)1613
(6)1476 (7)723 (8)483 (9)1446 (10)1561
(11)1011 (12)970 (13)1015 (14)913
(15)794

Page 41
(1)191 (2)131 (3)643 (4)278 (5)995 (6)404
(7)556 (8)249 (9)787 (10)115 (11)813
(12)427 (13)636 (14)821 (15)613

Page 42
(1)176 (2)923 (3)828 (4)566 (5)258 (6)668
(7)946 (8)686 (9)647 (10)541 (11)463
(12)933 (13)311 (14)544 (15)422

Page 43
(1)328 (2)285 (3)317 (4)529 (5)384 (6)340
(7)537 (8)955 (9)987 (10)771 (11)310
(12)627 (13)580 (14)250 (15)212

Page 44
(1)269 (2)913 (3)221 (4)460 (5)846 (6)811
(7)892 (8)445 (9)385 (10)737 (11)293
(12)870 (13)114 (14)984 (15)504

Page 45
(1)873 (2)792 (3)693 (4)395 (5)784 (6)878
(7)476 (8)309 (9)202 (10)261 (11)418
(12)336 (13)916 (14)977 (15)282

Page 46
(1)124 (2)926 (3)679 (4)699 (5)595 (6)317
(7)491 (8)104 (9)168 (10)374 (11)119
(12)128 (13)230 (14)837 (15)820

Page 47
(1)451 (2)811 (3)796 (4)189 (5)383 (6)726
(7)805 (8)529 (9)508 (10)927 (11)285
(12)191 (13)975 (14)732 (15)698

Page 48
(1)216 (2)598 (3)789 (4)144 (5)239 (6)498
(7)117 (8)251 (9)727 (10)418 (11)167
(12)699 (13)771 (14)139 (15)991

Page 49
(1)418 (2)675 (3)853 (4)825 (5)210 (6)699
(7)903 (8)731 (9)639 (10)820 (11)753
(12)953 (13)348 (14)573 (15)640

Page 50
(1)442 (2)406 (3)146 (4)336 (5)340 (6)269
(7)482 (8)295 (9)416 (10)225 (11)860
(12)257 (13)348 (14)421 (15)522

Page 51
(1)150 (2)238 (3)142 (4)181 (5)186 (6)139
(7)203 (8)189 (9)173 (10)140 (11)194
(12)125 (13)103 (14)156 (15)217 (16)103
(17)211 (18)52 (19)212 (20)181

Page 52
(1)131 (2)96 (3)256 (4)267 (5)207 (6)180
(7)169 (8)139 (9)125 (10)116 (11)116
(12)87 (13)142 (14)203 (15)169 (16)173
(17)167 (18)167 (19)133 (20)168

Page 53
(1)117 (2)122 (3)107 (4)182 (5)151 (6)140
(7)105 (8)146 (9)111 (10)170 (11)132
(12)108 (13)127 (14)195 (15)67 (16)151
(17)29 (18)199 (19)261 (20)10

Page 54
(1)164 (2)50 (3)192 (4)121 (5)85 (6)71
(7)132 (8)120 (9)169 (10)173 (11)95
(12)194 (13)71 (14)113 (15)134 (16)226
(17)142 (18)165 (19)162 (20)197

Page 55
(1)212 (2)51 (3)134 (4)124 (5)80 (6)206
(7)144 (8)207 (9)203 (10)200 (11)157
(12)167 (13)156 (14)209 (15)169 (16)168
(17)123 (18)176 (19)124 (20)194

Page 56
(1)187 (2)163 (3)193 (4)140 (5)214 (6)104
(7)175 (8)115 (9)129 (10)59 (11)155
(12)202 (13)146 (14)202 (15)114 (16)117
(17)159 (18)94 (19)192 (20)164

Page 57
(1)69 (2)209 (3)161 (4)211 (5)132 (6)110
(7)125 (8)154 (9)143 (10)139 (11)153
(12)114 (13)52 (14)132 (15)107 (16)151
(17)183 (18)165 (19)201 (20)138

Page 58
(1)215 (2)50 (3)156 (4)130 (5)130 (6)114
(7)103 (8)256 (9)122 (10)206 (11)145
(12)235 (13)70 (14)119 (15)205 (16)126
(17)173 (18)179 (19)123 (20)152

Page 59
(1)198 (2)157 (3)188 (4)147 (5)73 (6)166
(7)194 (8)119 (9)167 (10)183 (11)21
(12)172 (13)92 (14)77 (15)65 (16)202
(17)149 (18)88 (19)218 (20)76

Page 60
(1)133 (2)204 (3)133 (4)149 (5)119 (6)181
(7)110 (8)211 (9)85 (10)34 (11)95 (12)88
(13)156 (14)210 (15)53 (16)135 (17)165
(18)107 (19)207 (20)174

Page 61
(1)4 (2)0 (3)0 (4)3 (5)4 (6)1 (7)2 (8)1 (9)1
(10)1 (11)7 (12)3 (13)3 (14)7 (15)2 (16)4
(17)0 (18)3 (19)2 (20)5 (21)3 (22)1 (23)1
(24)2 (25)5

Page 62
(1)1 (2)1 (3)5 (4)1 (5)2 (6)5 (7)3 (8)1 (9)3
(10)0 (11)3 (12)3 (13)6 (14)5 (15)1 (16)4
(17)2 (18)1 (19)7 (20)4 (21)1 (22)5 (23)4
(24)2 (25)5

Page 63
(1)7 (2)1 (3)0 (4)7 (5)1 (6)4 (7)5 (8)1 (9)1
(10)1 (11)2 (12)8 (13)4 (14)4 (15)0 (16)0
(17)2 (18)6 (19)2 (20)2 (21)2 (22)6 (23)1
(24)2 (25)5

Page 64
(1)0 (2)5 (3)4 (4)0 (5)1 (6)3 (7)4 (8)3 (9)6
(10)1 (11)8 (12)5 (13)0 (14)5 (15)0 (16)0
(17)1 (18)6 (19)0 (20)3 (21)7 (22)3 (23)1
(24)8 (25)0

Page 65
(1)8 (2)4 (3)6 (4)0 (5)4 (6)1 (7)0 (8)0 (9)5
(10)0 (11)5 (12)7 (13)1 (14)2 (15)1 (16)4
(17)3 (18)1 (19)3 (20)1 (21)4 (22)7 (23)0
(24)0 (25)4

Page 66
(1)1 (2)3 (3)5 (4)6 (5)3 (6)3 (7)5 (8)9 (9)1
(10)4 (11)7 (12)2 (13)3 (14)5 (15)7 (16)6
(17)5 (18)8 (19)6 (20)8 (21)2 (22)2 (23)5
(24)7 (25)5

Page 67
(1)1 (2)7 (3)3 (4)9 (5)5 (6)6 (7)2 (8)7 (9)5
(10)7 (11)1 (12)5 (13)1 (14)6 (15)3 (16)9
(17)2 (18)8 (19)4 (20)9 (21)2 (22)1 (23)6
(24)8 (25)2

Page 68
(1)1 (2)5 (3)3 (4)7 (5)1 (6)6 (7)1 (8)7 (9)7
(10)2 (11)5 (12)9 (13)2 (14)5 (15)4 (16)4
(17)4 (18)9 (19)8 (20)9 (21)3 (22)2 (23)4
(24)9 (25)3

Page 69
(1)8 (2)6 (3)6 (4)6 (5)6 (6)9 (7)9 (8)9 (9)2
(10)7 (11)3 (12)8 (13)5 (14)3 (15)4 (16)7
(17)6 (18)7 (19)3 (20)9 (21)5 (22)6 (23)1
(24)5 (25)6

Page 70
(1)1 (2)8 (3)2 (4)7 (5)2 (6)8 (7)3 (8)3 (9)3
(10)4 (11)2 (12)7 (13)4 (14)5 (15)2 (16)6
(17)8 (18)6 (19)5 (20)7 (21)1 (22)4 (23)1
(24)9 (25)1

Page 71
(1)17 (2)19 (3)48 (4)22 (5)0 (6)50 (7)55
(8)28 (9)59 (10)72 (11)15 (12)7 (13)54
(14)2 (15)28 (16)8 (17)4 (18)15 (19)50
(20)1

Page 72
(1)19 (2)26 (3)15 (4)6 (5)17 (6)19 (7)31
(8)57 (9)47 (10)56 (11)54 (12)0 (13)3
(14)41 (15)41 (16)47 (17)6 (18)23 (19)42
(20)82

Page 73
(1)4 (2)5 (3)68 (4)40 (5)61 (6)7 (7)26 (8)4
(9)24 (10)12 (11)33 (12)19 (13)53 (14)5
(15)57 (16)34 (17)50 (18)40 (19)9 (20)60

Page 74
(1)63 (2)12 (3)3 (4)15 (5)29 (6)2 (7)24
(8)29 (9)8 (10)19 (11)18 (12)4 (13)56
(14)50 (15)24 (16)8 (17)50 (18)53 (19)45
(20)65

Page 75
(1)22 (2)35 (3)20 (4)21 (5)40 (6)12 (7)19
(8)3 (9)35 (10)4 (11)37 (12)3 (13)6 (14)12
(15)1 (16)52 (17)56 (18)20 (19)15 (20)27

Page 76
(1)39 (2)21 (3)25 (4)38 (5)46 (6)6 (7)65
(8)5 (9)43 (10)10 (11)9 (12)20 (13)23
(14)9 (15)66 (16)6 (17)33 (18)42 (19)29
(20)13

Page 77
(1)16 (2)5 (3)75 (4)21 (5)7 (6)17 (7)26
(8)24 (9)15 (10)1 (11)14 (12)67 (13)13
(14)7 (15)6 (16)14 (17)9 (18)39 (19)14
(20)13

Page 78
(1)9 (2)0 (3)23 (4)32 (5)9 (6)17 (7)17 (8)35
(9)59 (10)57 (11)62 (12)56 (13)38 (14)71
(15)51 (16)51 (17)52 (18)29 (19)8 (20)0

Page 79
(1)63 (2)50 (3)8 (4)6 (5)60 (6)51 (7)52
(8)14 (9)66 (10)15 (11)9 (12)47 (13)0
(14)0 (15)0 (16)21 (17)14 (18)4 (19)52
(20)18

Page 80
(1)36 (2)34 (3)12 (4)63 (5)33 (6)7 (7)16
(8)23 (9)1 (10)46 (11)42 (12)21 (13)5
(14)65 (15)3 (16)34 (17)49 (18)1 (19)12
(20)76

Page 81
(1)57 (2)36 (3)12 (4)61 (5)51 (6)90 (7)35
(8)48 (9)10 (10)47 (11)65 (12)93 (13)71
(14)78 (15)60 (16)95 (17)49 (18)74 (19)53
(20)46

Page 82
(1)26 (2)51 (3)29 (4)98 (5)27 (6)80 (7)27
(8)94 (9)40 (10)71 (11)66 (12)37 (13)68
(14)43 (15)17 (16)57 (17)14 (18)97 (19)55
(20)97

Page 83
(1)40 (2)35 (3)69 (4)95 (5)52 (6)22 (7)45
(8)47 (9)28 (10)71 (11)29 (12)92 (13)25
(14)78 (15)44 (16)60 (17)14 (18)82 (19)93
(20)96

Page 84
(1)36 (2)90 (3)50 (4)58 (5)48 (6)73 (7)66
(8)71 (9)26 (10)71 (11)26 (12)86 (13)14
(14)36 (15)39 (16)63 (17)37 (18)34 (19)29
(20)19

Page 85
(1)28 (2)71 (3)32 (4)77 (5)40 (6)44 (7)43
(8)78 (9)18 (10)98 (11)57 (12)92 (13)29
(14)62 (15)16 (16)84 (17)56 (18)63 (19)13
(20)50

Page 86
(1)56 (2)24 (3)23 (4)46 (5)21 (6)26 (7)23
(8)49 (9)13 (10)82 (11)10 (12)44 (13)62
(14)93 (15)71 (16)73 (17)71 (18)46 (19)48
(20)61

Page 87
(1)33 (2)94 (3)93 (4)94 (5)21 (6)67 (7)57
(8)91 (9)40 (10)34 (11)35 (12)53 (13)43
(14)83 (15)28 (16)99 (17)43 (18)49 (19)24
(20)38

Page 88
(1)66 (2)89 (3)24 (4)90 (5)53 (6)50 (7)31
(8)74 (9)75 (10)72 (11)22 (12)45 (13)24
(14)80 (15)54 (16)40 (17)25 (18)50 (19)10
(20)87

Page 89
(1)56 (2)46 (3)13 (4)22 (5)57 (6)89 (7)83
(8)72 (9)52 (10)51 (11)21 (12)99 (13)13
(14)75 (15)40 (16)68 (17)30 (18)97 (19)37
(20)40

Page 90
(1)15 (2)66 (3)21 (4)99 (5)26 (6)77 (7)22
(8)45 (9)57 (10)71 (11)36 (12)83 (13)43
(14)78 (15)15 (16)89 (17)17 (18)51 (19)48
(20)33

SUBTRACTION TRIPLE DIGITS

Page 91
(1)765 (2)783 (3)231 (4)359 (5)135 (6)302
(7)203 (8)200 (9)161 (10)184 (11)229
(12)60 (13)458 (14)60 (15)372

Page 92
(1)123 (2)250 (3)600 (4)416 (5)206 (6)254
(7)194 (8)328 (9)464 (10)125 (11)371
(12)505 (13)462 (14)135 (15)94

Page 93
(1)151 (2)238 (3)207 (4)191 (5)172 (6)163
(7)675 (8)290 (9)272 (10)96 (11)373
(12)138 (13)346 (14)91 (15)404

Page 94
(1)596 (2)275 (3)7 (4)303 (5)770 (6)247
(7)382 (8)418 (9)540 (10)132 (11)336
(12)458 (13)443 (14)420 (15)227

Page 95
(1)29 (2)724 (3)12 (4)167 (5)56 (6)510
(7)265 (8)631 (9)146 (10)1 (11)73 (12)471
(13)485 (14)290 (15)163

Page 96
(1)569 (2)33 (3)61 (4)612 (5)228 (6)279
(7)20 (8)216 (9)496 (10)196 (11)678
(12)15 (13)16 (14)106 (15)397

Page 97
(1)360 (2)833 (3)71 (4)129 (5)401 (6)196
(7)517 (8)377 (9)762 (10)37 (11)363
(12)23 (13)98 (14)307 (15)286

Page 98
(1)320 (2)295 (3)526 (4)601 (5)729 (6)60
(7)60 (8)196 (9)416 (10)43 (11)536
(12)601 (13)639 (14)353 (15)235

Page 99
(1)269 (2)453 (3)511 (4)20 (5)611 (6)136
(7)60 (8)733 (9)187 (10)622 (11)883
(12)881 (13)358 (14)290 (15)304

Page 100
(1)160 (2)592 (3)38 (4)567 (5)360 (6)714
(7)577 (8)833 (9)129 (10)82 (11)135
(12)54 (13)283 (14)143 (15)30

SUBTRACTION TRIPLE DIGITS (MISSING NUMBER)

Page 101
(1)200 (2)765 (3)545 (4)772 (5)275 (6)766
(7)190 (8)706 (9)853 (10)288 (11)342
(12)910 (13)281 (14)311 (15)639

Page 102
(1)511 (2)849 (3)826 (4)554 (5)468 (6)506
(7)291 (8)775 (9)404 (10)941 (11)529
(12)988 (13)192 (14)965 (15)377

Page 103
(1)230 (2)625 (3)363 (4)556 (5)581 (6)541
(7)850 (8)947 (9)290 (10)703 (11)359
(12)619 (13)346 (14)933 (15)531

Page 104
(1)366 (2)978 (3)353 (4)770 (5)629 (6)743
(7)183 (8)824 (9)743 (10)726 (11)674
(12)940 (13)234 (14)594 (15)366

Page 105
(1)595 (2)365 (3)624 (4)402 (5)521 (6)410
(7)637 (8)961 (9)854 (10)310 (11)795
(12)935 (13)701 (14)921 (15)689

Page 106
(1)253 (2)822 (3)389 (4)827 (5)210 (6)791
(7)550 (8)342 (9)279 (10)573 (11)167
(12)669 (13)500 (14)845 (15)471

Page 107
(1)145 (2)925 (3)375 (4)570 (5)440 (6)735
(7)145 (8)702 (9)384 (10)543 (11)116
(12)395 (13)120 (14)758 (15)723

Page 108
(1)152 (2)965 (3)272 (4)993 (5)127 (6)580
(7)361 (8)764 (9)246 (10)912 (11)177
(12)824 (13)393 (14)934 (15)717

Page 109
(1)253 (2)891 (3)825 (4)953 (5)313 (6)740
(7)437 (8)840 (9)516 (10)688 (11)637
(12)410 (13)727 (14)793 (15)188

Page 110
(1)165 (2)704 (3)435 (4)711 (5)427 (6)940
(7)605 (8)782 (9)307 (10)615 (11)605
(12)386 (13)306 (14)333 (15)116